エヌ・アイ・ジェイ

A NEW APPROACH TO
INTERMEDIATE
JAPANESE

テーマで学ぶ
中級日本語

西口光一〔著〕
NISHIGUCHI KOICHI

Kurosio Publishers

Copyright ©2018 Koichi Nishiguchi

All rights reserved. No part of this book may be
reproduced, stored in a retrieval system, or transmitted
in any form or by any means, electronic, mechanical,
photocopying, recording, or otherwise, without the
prior written permission of the publisher.

First edition: November 2018

Published by KUROSIO PUBLISHERS
4-3, Nibancho, Chiyoda-ku, Tokyo 102-0084, Japan
Phone: 03-6261-2867  FAX: 03-6261-2879
http://www.9640.jp/

ISBN 978-4-87424-775-4 C0081
Printed in Japan

# はじめに

　基礎(初級)段階の教育を終えた学習者を中級段階に首尾よく導くための有効な教育プログラムを開発することは、長い間日本語教育者にとって大きな課題となっていました。その日本語教育プログラムでは、基礎(初級)段階で身につけた日本語の知識と能力を土台として、広範な話題にしなやかに対応できる口頭日本語力を伸ばさなければなりません。そして、同時に、書記日本語の教材が広く扱われる上級段階の学習に対応しさらに日本語力を伸ばすためのしっかりとした書記日本語基礎力を形成しなければなりません。そうした能力習得に至る道はひじょうに多元的で輻輳的なので、プログラムの開発と教材の作成にあたっては特段の工夫が必要です。

　本書『NIJ：A New Approach to Intermediate Japanese―テーマで学ぶ中級日本語』は、筆者の長年にわたる教育経験と実際のさまざまな中級日本語コースでの実践から生まれた、巧みに工夫された教材です。本書を活用することで、基礎(初級)段階を終えた学習者の日本語力を組織的かつ包括的に実質のある中級レベルまで引き上げることができます。

　中級への道は平坦な道ではありませんが、本書を活用した日本語の学習と指導は十分に楽しいものとなるでしょう。そして、学習を継続した人は、必ず所期の成果を得ることができます。先生は、ご自身の学習者に適正なペースのカリキュラムを策定して、その中で日本語学習に取り組む学習者をしっかりとサポートしてあげてください。本書を活用することで、学習者も先生も達成感のある学習と教授の経験ができるでしょう。

西口光一

# Preface

　Developing the optimal instructional program that advances learners of Japanese from elementary to intermediate level has been one of the major challenges that Japanese language educators have been facing over the past decades. It is a stage where students need, on the foundation of knowledge that they have acquired in the previous level, to improve oral proficiency and at the same time develop a solid capacity in written Japanese. This will enable them to continue studying and improving Japanese skills dealing with written Japanese materials at higher levels. As the path to attain these goals is a multifaceted one, special schemes in designing the program and preparing materials are necessary.

　"NIJ: A New Approach to Intermediate Japanese" is a tactful solution that sprang out of many years of teaching experience of the author and years of experimentation in different intermediate Japanese courses with other teachers at Osaka University. It is a textbook that intends to improve students' Japanese capacity systematically and comprehensively up to the intermediate level. Though the path is not an easy one to follow, students and teachers will be able to enjoy learning and teaching Japanese with this textbook and will finally attain the goal.

Koichi Nishiguchi

# CONTENTS

- ■ 『NIJ』の特長 ...p.iv
- ■ Explanatory Notes・凡例 ...p.xii
- ■ How to Make Best Use of "NIJ" (For Learners) ...p.xiv
- ■ Overview and Special Features of "NIJ" ...p.viii
- ■授業の進め方（教師のみなさんへ）...p.xviii

---

## Unit 1,2,3 人間と社会の発展
にんげん　しゃかい　はってん

| Unit 1 | Part 1 Conversation | ❶りさん [テーマ わたしの家族] |
| | | ❷中田くん [テーマ わたしのこと] |
| p.1 | Part 2 Lecture | 人間と動物 |

| Unit 2 | Part 1 Conversation | ❶はじめまして [テーマ できる外国語] |
| | | ❷紅茶の店に誘う [テーマ 誘う] |
| p.13 | Part 2 Lecture | 人間と動物の本質的な違い |

| Unit 3 | Part 1 Conversation | ❶寮の生活 [テーマ わたしの生活] |
| | | ❷多民族国家 マレーシア [テーマ わたしの国の民族と言語] |
| p.25 | Part 2 Lecture | 農村社会 |

| **Grammar Summary to** **Unit 1** - **Unit 3** **p.37** | A. Grammatical phrases：1. ～によって①、2. ～によって②、3. ～によると、4. ～のために、5. Question word+particle+ ～ればいいか<br>B.Subordinate clause structures：1. ～ば、2. ～とともに |

■ 発　音①：フラット (flat pattern) とヘッドアップ (head-up pattern)　**p.40**
はつ　おん

---

## Unit 4,5,6 社会と生活
しゃかい　せいかつ

| Unit 4 | Part 1 Conversation | ❶マレーシアの歴史 [テーマ 町と歴史] |
| | | ❷わたしの家族と日本 [テーマ 日本との縁] |
| p.41 | Part 2 Lecture | 子どもと学校 |

| Unit 5 | Part 1 Conversation | ❶国を出るとき [テーマ 助けてもらった経験] |
| | | ❷子どもの頃の思い出 [テーマ 子どもの頃の思い出] |
| p.53 | Part 2 Lecture | 社会の変化とわたしたちの生き方 |

| Unit 6 | Part 1 Conversation | ❶たいへんな毎日 [テーマ いそがしい毎日とたいへんな生活] |
| | | ❷たいへんな手続き [テーマ めんどうな手続き・複雑な書類] |
| p.65 | Part 2 Lecture | 仕事を始める |

| **Grammar Summary to** **Unit 4** - **Unit 6** **p.77** | A. Grammatical phrases：1. ～について、2. ～において、3. ～として、4. ～を通して、5. ～にとって<br>B. Subordinate clause structures：1. ～(た)ばかり、2. ～(し)ないと、3. ～ても |

■ 発　音②：複合語 (compound word) (1)　**p.80**
はつ　おん　　ふくごうご

ii

## Unit 7,8,9　働くことと暮らし
はたら　　く

| Unit 7 | Part 1 Conversation | ❶歴史と教育制度　[テーマ 教育制度とわたし] |
| | | れきし　きょういくせいど　　　　　きょういくせいど |
| | | ❷高校から大学へ　[テーマ 大学の専門] |
| | | こうこう　だいがく　　　　　　だいがく　せんもん |
| p.81 | Part 2 Lecture | 会社と個人 |
| | | かいしゃ　こじん |
| Unit 8 | Part 1 Conversation | ❶下田　[テーマ わたしの国の近代史] |
| | | しもだ　　　　　　くに　きんだいし |
| | | ❷わたしと外国　[テーマ わたしの国の家族の歴史] |
| | | がいこく　　　　　くに　かぞく　れきし |
| p.93 | Part 2 Lecture | 働く人としての生き方 |
| | | はたら　ひと　　　　　　い　かた |
| Unit 9 | Part 1 Conversation | ❶ひどい一日　[テーマ ひどい経験] |
| | | いちにち　　　　　けいけん |
| | | ❷勉強　[テーマ 勉強の仕方] |
| | | べんきょう　　べんきょう　しかた |
| p.105 | Part 2 Lecture | 多様な働き方と生き方 |
| | | たよう　はたら　かた　い　かた |

**Grammar Summary to** Unit 7 - Unit 9　p.117

A. Grammatical phrases：1.〜にあたって、2.〜に関する、3.〜に関わらず、4.〜での/〜との
B. Subordinate clause structures：1.〜ことで、2.〜ために(は)
C. Sentence-ending phrases：1.…ようです、2.…と言ってもいいでしょう/…ことは言うまでもありません/…とは考えないほうがいいです/…と言っていいくらいです

■ 発　音 ③：複合語(compound word)(2)　p.120
はつ　おん　　ふくごうご

## Unit 10,11,12　外国出身者と日本
がいこくしゅっしんしゃ　にほん

| Unit 10 | Part 1 Conversation | ❶山の会　[テーマ 誘われた経験] |
| | | やま　かい　　　　　さそ　　　けいけん |
| | | ❷大学時代の勉強と経験　[テーマ 大学時代の勉強と経験] |
| | | だいがくじだい　べんきょう　けいけん　　　　だいがくじだい　べんきょう　けいけん |
| p.121 | Part 2 Lecture | 日本で生きる外国出身者 |
| | | にほん　い　　　　がいこくしゅっしんしゃ |
| Unit 11 | Part 1 Conversation | ❶町を出る　[テーマ 家や生まれ育った町を出る] |
| | | まち　で　　　　　いえ　う　　　そだ　　まち　で |
| | | ❷さまざまな人が生きる世界へ　[テーマ 移民の歴史と現在] |
| | | ひと　い　　せかい　　　　　いみん　れきし　げんざい |
| p.133 | Part 2 Lecture | 日本、そして平等な社会 |
| | | にほん　　　　　びょうどう　しゃかい |
| Unit 12 | Part 1 Conversation | ❶山登り　[テーマ 旅行の話] |
| | | やまのぼ　　　　　りょこう　はなし |
| | | ❷雲取山　[テーマ アウトドア活動の思い出] |
| | | くもとりやま　　　　　かつどう　おも　で |
| p.145 | Part 2 Lecture | 日本の将来 |
| | | にほん　しょうらい |

**Grammar Summary to** Unit 10 - Unit 12　p.157

A. Grammatical phrases：1.〜以来、2.〜らしい
B. Subordinate clause structures：1.〜のではなく
C. Sentence-ending phrases：1.…わけではありません/…つもりはありません/…ように思います/…と見るべきでしょう/…ことになっています/…ことを期待しています

■ 発　音 ④：複合動詞(compound verb)etc.　p.159
はつ　おん　　ふくごうどうし

■ Grammar Notes .......p.160

■ Word List with Translations・対訳語彙リスト .......p.166

■ 『NIJ』のテーマと文法 .......p.174

iii

# 『NIJ』の特長

## NIJの目的

　『NIJ：A New Approach to Intermediate Japanese―テーマで学ぶ中級日本語』（以降は『NIJ』と略称する）は、初中級から中級への教科書です。『NIJ』は全部で12ユニットで、各ユニットは「Part 1（会話パート）」と「Part 2（レクチャーパート）」からなっています。そして、各ユニットに対応する形で漢字・漢字語学習のための「漢字と言葉」（別冊）が付いています。『NIJ』では、CEFR*のA2.1の学習者あるいは日本語能力試験のN4の学習者、より具体的には本シリーズの『NEJ：A New Approach to Elementary Japanese ―テーマで学ぶ基礎日本語』（くろしお出版）、あるいは同等の初級日本語プログラムを修了した学習者を、CEFRのB2.1あるいは日本語能力試験のN3に到達させることを目標としています。

　　*CEFR は "Common European Framework of Reference for Languages"（言語教育のためのヨーロッパ共通参照枠）の略です。

## NIJの特長

### □本書の学習デザインとテクストの有効性

　『NIJ』は、テーマ中心の中級日本語教育をサポートする教科書です。Part 1（会話パート）では、CEFRのA2.2やB1水準の、「家族」、「わたしの国」、「わたしの町と歴史」、「子ども時代の思い出」、「家族の歴史」などの個人に関するテーマが扱われます。そして、Part 2（レクチャーパート）では、CEFRのB2水準の、「人間と動物」、「昔の村の生活」、「子どもと学校」、「会社と個人」、「ワーク・ライフ・バランス」、「日本に住む外国人」などのテーマが扱われます。

　各ユニットの会話とレクチャーでは、まずテーマについて内容と言語を学習し、その後にそのテーマについて学習者各自が自身のことや自分の考えや意見を話したり書いたりする活動がデザインされています。テーマをめぐって内容と言語を学習してそれに続いて産出活動をするというこのデザインは、学習者の日本語技量を増強するための強力なスキームとなります。

　ユニット1から12にわたる一連のレクチャーは、現代社会についての理解、及びそうした現代社会の中で生きる日本語を学習する外国出身学生の立場についての理解を深めることを趣旨として作成されています。レクチャーは全体として、大切な時間とエネルギーを日本語学習のために使い、日本や日本語を話す人たちとの関係を深めたいと考えている日本語学習者への「エール」となっています。会話のほうも、個人についてのテーマを扱いながらも、同じようなスタンスをとっています。

　会話とレクチャーはいずれも、初中級と中級レベルで重要な語や文法表現が適切に使われている言葉遣いで書かれています。そして、重要な語や文法表現は一つのテクストの中で、そしてテクストを追って、自然に繰り返し現れるようになっています。

　会話とレクチャーのテーマとそこで使用される文法表現等の詳細については、巻末(p.174)の「『NIJ』のテーマと文法」をご覧ください。

iv

□ **発話やディスコースの創作者性**

日本語の教科書では、これまで発話やディスコースの創作者性ということ(バフチン 1984)は、注目されてきませんでした。本シリーズの教科書では、創作者性ということを重視しています。『NIJ』では、学習者は、りさん、中田くん、西山先生という3人の具体的な人物に出会います。Part 1（会話パート）での会話は、りさんと中田くんとの間で展開する一つの物語になっています。ユニット1でそれぞれ自分のことや家族のことを一人語りした後で、それ以降は大学の近くにある紅茶の店でのりさんと中田くんの会話が続きます。一方、Part 2（レクチャーパート）のほうは、日本に留学している外国人学生を対象とした西山先生による12回の連続講義（レクチャー）となっています。

これらの会話やレクチャーを通して、りさんや中田くんの人の背景やこれまでの人生、及び西山先生の各種のテーマについての視点を知るにしたがって、学習者はかれらの発話やディスコースの脈絡を理解し、それをその人の声として理解できるようになります。そして、そのように捕捉された発話やディスコースの中の言葉遣いは、日本語習得のためのきわめて有用なリソースとなります。

登場人物のプロフィールは以下の通りです。

□ りさん

大京大学工学部の1年生。マレーシア出身で、中国系の家庭に生まれた。兄と弟そして姉と妹がいて、家族はみんなクアラルンプールに住んでいる。りさんは自立した女性でとてもよく勉強するが、そのことが時に問題を引き起こすことがある。

□ 中田くん

大京大学外国語学部の学生。2年生で、マレーシア語を専攻している。夏にマレーシアに行くことを計画している。下田出身。家は4代続く旅館。子どもの頃から外国に興味があり、英語が得意。

□ 西山先生

大京大学で留学生に日本語を教えている。専門は、日本語教育学と言語学。社会学や人類学にも興味をもっている。

## ◼ NIJの構成と各パートの活動について

『NIJ』の各ユニットは、Part 1（会話パート）とPart 2（レクチャーパート）という二つのパートと、「漢字と言葉」（別冊）から構成されています。以下では、各パートの趣旨を説明します。

＊会話パートとレクチャーパートのオーディオを用意しています。オーディオは、http://www.9640.jp/nij/ でダウンロードできます。

### ☐ Part 1 [会話パート]

会話パートでは、基礎（初級）段階で学習した語彙や文法表現を復習しながら話し言葉の日本語力を伸ばすためのリソースを提供しています。学習者は、さまざまなトピックについて、リさんと中田くんが話している会話を理解し、そのユニットのトピックについて先生やクラスメイトと話すことですでに身につけている言語知識を運用します。そして、そうした活動を通して「話す」「聞いて理解する」「やり取りする」という各モードの日本語力を伸ばしていきます。

＊ユニット1とユニット12の会話パートは例外です。ユニット1は、リさんと中田くんの自己紹介となっています。そして、ユニット12は、リさんのハイキングの経験の話になっています。

### ☐ Part 2 [レクチャーパート]

レクチャーパートでは、漢字をしっかりと学びながら、書記日本語を含む総合的な日本語技量を実質のある中級レベルにまで引き上げるためのリソースを提供します。レクチャーパートは、「西山先生」による12回の連続講義（レクチャー）になっています。レクチャーでは、「現代社会で生きる」という全体テーマの下に、社会とその中で暮らす人々のさまざまな側面が論じられ、またそこに潜むいくつかの問題について一つの見解が提示されます。

レクチャーの前ページには、Key Sentences and Key Wordsというセクションがあります。Key Sentences and Key Wordsは予習用のページで、本文の中の重要文と重要語句が解説されています。学習者は、予習として、Key Sentences and Key Wordsを学習した上で、レクチャーを理解します。

授業では理解したことを説明することが求められます。そして、レクチャーのテーマについて、グループディスカッションやエッセイ作成で自分の考えを表明できるようになることを目標としています。レクチャーは少しむずかしいものとなっていますが、そのような日本語に取り組むことを通してこそ、学習者は一定の長さの知的な文章が読めるようになり、また整然とした形で自分の考えを述べることができるようになります。

### ☐ 「漢字と言葉」（別冊）

しっかりとした中級日本語力を身につけるには、相当量の漢字と漢字語の学習は欠かすことができません。『NIJ』ではこの課題に正面から取り組むために、別冊として「漢字と言葉」を用意しています。

別冊の「漢字と言葉」は、レクチャーパートに付属する漢字と漢字語の学習教材です。各ユニットのレクチャーから平均12字の漢字が学習漢字として選ばれています。そして、各学習漢字の意味と読みが示され、訓読みと音読みのそれぞれの下に、その漢字を含む漢字語や漢字語を含む例文が提示されていま

す。漢字の書き方を正確に把握するために、同じ字形構成素をもつ漢字や字形が類似している漢字も提示されています。

　本書ではN4漢字*(284字)はある程度知っていることを前提とし、35字のN4漢字を含む147字の漢字を学習します。つまり、112字の新しい漢字を学習して、合計396字の漢字を習得するということになります。

> *現在の日本語能力試験では、各レベルの漢字リストや語彙リストなどは公開されていません。本書で「N○漢字」や「N○語彙」と言っているのは、旧日本語能力試験の対応する各レベルで公開されているリストに準拠しています。

## □ 付属セクション

## (1) Grammar Summary

　3ユニット毎にGrammar Summaryを設けています。Grammar Summaryでは、Grammatical phrases（助詞相当連語等）、Subordinate clause structures（従属節構造）、Sentence-ending phrases（文末表現)に分けて、それまでのレクチャーで出てきた重要な文法表現をまとめ、簡潔に解説しています。

## (2) Grammar Notes

　巻末にGrammar Notes を設けています。Grammar Notesでは、レクチャーを通して頻繁に出てくる、Passive Expressions(受身表現)、～ていく、～てくる、Causative Expressions(使役表現)、Volitional Expressions(意志形の表現)について、例文を提示しながら解説しています。これらの文法事項については、会話とレクチャーのテキストの中で、「GN x」と参照先を示しています。

## (3) 発音

　3ユニット毎に発音練習を設けています。発音練習では、主にレクチャーで出てきた語句や文を素材として、プロソディの練習をします。語句が結合して一つのプロソディの固まりになる点に注意して練習してください。

# Overview and Special Features of "NIJ"

## Aims of "NIJ"

"NIJ: A New Approach to Intermediate Japanese", abbreviated as "NIJ", is a post-elementary and intermediate Japanese textbook. It consists of twelve units, each consisting of the Part 1 (Conversation) and Part 2 (Lecture) with a supplementary booklet of Kanji and Kanji Words. "NIJ" aims to advance A2.1 learners in CEFR scale*, those who passed N4 of the JLPT or students who has completed studying "NEJ: A New Approach to Elementary Japanese" (Kurosio Publishers) or equivalent elementary Japanese program up to B2.1 in CEFR or N3 of JLPT scale.

> \* CEFR is an abbreviation of the Common European Framework of Reference for Languages.

## Special Features of "NIJ"

### ☐ Conversation part and Lecture part

"NIJ" is a textbook that supports theme-based instruction in intermediate Japanese. Part 1 (Conversation) deals with personal themes such as my family, my country, my town and its history, memory of my childhood, family history, etc., all of which form an important part of A2.2 to B1 topics in CEFR. Part 2 (Lecture) deals with themes such as humans and animals, life in a traditional village, children and school, company and individuals, work-life balance, foreigners living in Japan, etc. which form part of B2 themes in CEFR. A progression from acquisition of contents and language to production of one's own discourse on the particular theme is designed within each conversation and lecture part. This design in which students are supposed to express and share their experiences and opinions at the end of each part is a powerful scheme that boosts students' Japanese language capacities.

The series of lectures are intended to deepen students' understanding about the modern world and their current positions within it as international students learning Japanese within or outside Japan. Overall they are meant to be "voices of encouragement" for Japanese language learners who devote their precious time and energy to learn the language, and wish to expand their connections with Japan and interact with Japanese language users. The conversations share the same stance.

The conversations and lectures are created and constructed using the most suitable wordings within which important post-elementary and intermediate level words and grammatical features are used in a proper way. Also these words and grammatical features recur naturally within as text and across texts. As a result the conversations and lectures provide most useful resources with which students acquire different linguistic features in meaningful contexts.

### ☐ Authorship of an Utterance or Discourse

Authorship of an utterance or discourse is a completely neglected aspect of language within language teaching and language teaching textbooks. In "NIJ" you will meet particular three characters, i.e. Li-*san*, Nakata-*kun* and Nishiyama-*sensee*. Part 1 (Conversation) forms a small story that develops between Li-

*san* and Nakata-*kun*. It begins with personal narratives about themselves and their family in Unit 1, and goes on to series of conversations between Li-*san* and Nakata-*kun* at a tea house near the university. And Part 2 (Lecture) is a series of lectures conducted by Nishiyama-*sensee* for international students living and studying in Japan. Students will get more and more acquainted with the backgrounds and the lives of Li-*san* and Nakata-*kun* through the conversations and opinions of Nishiyama-*sensee* through lectures. Therefore, they will be able to understand the specific context of each utterance or piece of discourse and understand them as a voice of the person. Japanese wordings grasped and understood in this way turn into "lively" resources to acquire the language.

General information on each character is explained below.

☐ Li-*san*

A Malaysian student at the department of engineering, Daikyo University. She was born in an ethnic-Chinese family with two brothers and two sisters, and her family lives in Kuala Lumpur, Malaysia. She is an independent and hard-working student. However, her seriousness causes her trouble sometimes.

☐ Nakata-*kun*

A student at the department of foreign languages, Daikyo University. He is a sophomore majoring in Malaysian language and plans to visit Malaysia the upcoming summer. He was born and raised in Shimoda. His family runs a *ryokan*, Japanese-style inn that has been succeeded for four family generations. He is good at English and has been interested in the world outside Japan since his childhood.

☐ Nishiyama-*sensee*

A professor in Japanese language pedagogy at Daikyo University. Nishiyama-sensee likes to teach Japanese and also studies linguistics. He is also interested in sociology and anthropology.

## Explanations on the Components of "NIJ"

Each unit consists of Part 1 (Conversation), Part 2 (Lecture) and Kanji and Kanji Words (booklet).

\* Audio materials of the conversation and the lecture are available at **http://www.9640.jp/nij/**.

☐ **Part 1 [Conversation]**

The Conversation part provides materials intended to develop oral proficiency while reviewing different grammatical features and vocabularies learned in elementary level. While learning to understand conversations between Li-*san* and Nakata-*kun* about different themes and talking on the topic of each unit with teachers and classmates, students can improve oral proficiency in all modes of production, reception and interaction utilizing and mobilizing language features mostly at their hands.

ix

\* The Conversation part in Unit 1 and Unit 12 are exceptions. The Conversation part in Unit 1 are monologue discourses in which Li-*san* and Nakata-*kun* introduce themselves. And the conversation part in Unit 12 is reflections of Li-*san* on her first hiking experience in Japan.

## ☐ Part 2 (Lecture)

The Lecture part provides materials for learning and instruction which elevate students' Japanese language capacity including written language capacity with substantial knowledge of kanji up to intermediate level. It consists of a series of twelve lectures conducted by Nishiyama-*sensee*. With an overarching theme "living in the modern society/world", different aspects of the society and people living in it are explored and particular opinions on some of the issues are discussed.

Key Sentences and Key Words are explained in the previous two pages of the lecture. These two pages are intended to be preparatory materials to help students understand the lecture. Students are expected to study Key Sentences and Key Words and understand the lecture as a preparation for the Lecture class.

Students are asked to demonstrate understanding of the lecture. Students should be able to express their own opinion on the lecture theme in a group discussion and an essay at the end of the unit. Though the lectures are somewhat cognitively demanding, they will train students to be able to comprehend extended discourses and express opinions in a well-organized fashion.

## ☐ Kanji and Kanji Words

Learning a fair amount of kanji and kanji words is an inevitable task for students who want to progress toward the intermediate Japanese proficiency. "NIJ" seriously deals with the task and provides particular materials for learning kanji and kanji words.

Kanji and Kanji Words (「漢字と言葉」) appended at the last part of the book is a material supplemented to the Lecture part. Twelve kanji in average are selected from the lecture text as the target kanji of the unit. The meaning and reading of the target kanji are explained, and kanji words or simple example sentences in which the target kanji is used are listed under *kun*-reading (Japanese-origin reading) and *on*-reading (Chinese-origin reading) of each target kanji. Componental overlap and formal similarities are also shown to understand the formal aspect of kanji.

With a presupposed knowledge of 284 N4 kanjis presupposed, 35 N4 kanjis are relearned as a part of 147 target kanjis in "NIJ". That makes a total of 369 kanjis with 112 newly-learned kanji.

\* Current guidelines of JLPT do not provide lists of kanji or vocabulary for each level. However, former guidelines published in 1994 do provide lists of them. The indication of "N4 kanji" or "N4 vocabulary" in this book refers to the former guidelines.

## ☐ Supplementary Sections

### (1) Grammar Summary

Grammar Summary is provided after each three units. It summarizes grammar points highlighted in the lecture: Grammatical phrases, Subordinate clause structures and Sentence-ending phrases. A brief explanation is also given to each grammar point.

### (2) Grammar Notes

Grammar Notes section is added at the end of the book. Passive Expressions, 〜 て い く , 〜 て く る , Causative Expressions and Volitional Expressions, which are often used across the lecture text, are explained in some detail with illustrative sentences. "GN*x*" added to the conversation and lecture texts shows the number of the grammatical structure explained in Grammar Notes.

### (3) はつおん (Pronunciation Practice)

Pronunciation Practice section (発音) is added after each three units. Using mostly words and phrases appearing in the lecture, this section is intended for students to practice a particular prosodic feature that is assigned to form a unified combination of phrases.

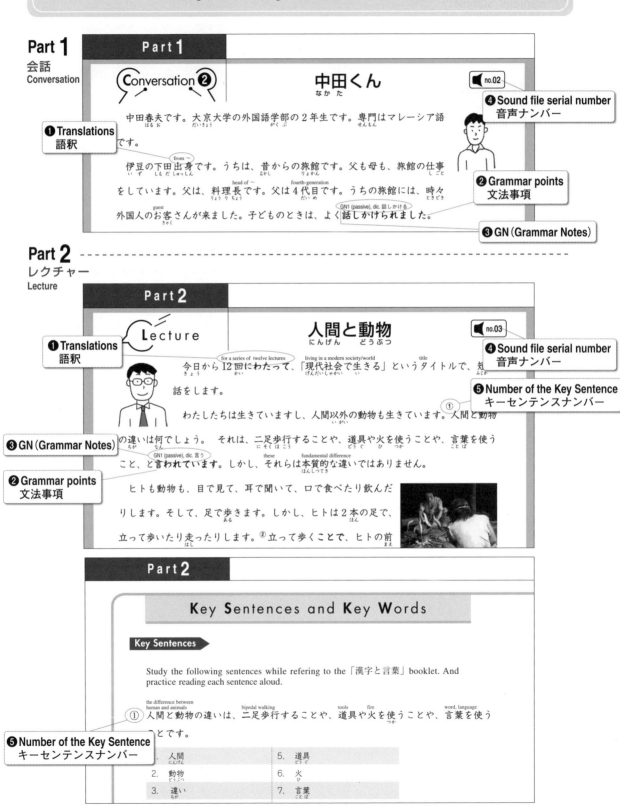

**❶** Translations ／語 釈
〔ご しゃく〕

Words and phrases beyond N4 are provided with a translation. No translation is given to words and phrases in the lecture that have already explained in Key Sentences and Key Words. ／N4を超える語や表現には、語釈を付けています。レクチャーの語や表現は、Key Sentences and Key Words で既に学習したもの以外に語釈を付けています。

**❷** Grammar points ／文法事項
〔ぶんぽう じ こう〕

Grammar points of the unit are written in bold font. ／文法事項の部分は太字にしています。

**❸** GN（Grammar Notes）

Reference to Grammar Notes is indicated as "GN*x*". And "dic." shows the dictionary form of the verb. ／「GN*x*」というふうにGrammar Notesへの参照を示しています。「dic.」はdictionary form（辞書形）を表しています。

**❹** Sound file serial number ／音声ナンバー
〔おんせい〕

The number shows the relevant sound file. Sound file is available at **http://www.9640.jp/nij/**. ／音声ファイルの番号を示しています。音声ファイルは、**http://www.9640.jp/nij/**からダウンロードしてください。

**❺** Number of the Key Sentence ／キーセンテンスナンバー

Reference to the relevant key sentence in Key Sentences and Key Words is indicated in this way. ／レクチャーのテクストの中には、重要文（Key Sentence）にナンバーがついています。そのユニットの「Key Sentences and Key Words」での同じナンバーの解説を参照してください。

xiii

# How to Make Best Use of "NIJ" (For Learners)

Suggested learning steps of a unit and an estimated required time for each step are explained below. Approximately seven to eight hours work at home and seven to eight hours class instruction are required to learn a unit.

## Part 1 Conversation Part

### 1 Conversation ①

#### ▶ Studying in Preparation for the Class (60 min.)

Listen to the audio of the conversation and understand it. Then practice reproducing each line until you can say it without hesitation.

#### ▶ The Class (100 min.)

| Step 0 | Essay Sharing |
|--------|---------------|
|  | Sensee will return the teacher-proofed students' essays of the Lecture part of the prior unit. First, read your essay aloud in a small voice. Then, share essays with your classmate in pairs by reading your essay aloud to your partner. |
| Step 1 | Oral Practice |
|  | Sensee will ask you a couple of questions to remind you of the prior conversation. Answer the questions. Then, sensee will play the audio of the conversation and ask couple of questions. Answer the questions. Then sensee will conduct oral practices of the conversation in the form of repetition practice or shadowing. Practice the conversation until you can reproduce it easily. Students may practice the conversation in pairs. |
| Step 2 | Oral Response Practice |
|  | Sensee will ask questions related to what is talked about in the conversation while playing the audio. Answer the questions. Then practice questions and answers in pairs using the questions in Classroom Activities ②. |
| Step 3 | Teacher's Story |
|  | Sensee will talk about the theme of the conversation. Listen carefully and ask questions. |
| Step 4 | My Story |
|  | Form a group of three or four, and talk on the topic of the conversation. ※ Conversation 2 of Unit 2 is an exception. Roleplaying task is assigned there. |

#### ▶ Assignment [Essay] (60 min.)

Write an essay on the topic of the Conversation.

### 2 Conversation ②

Step 1 to Step 4 will be repeated as classroom procedures. Also write the assignment (essay) with Conversation 2's theme.

## ▶ Homework

### ☐ Worksheet 1 （30 min.）

Worksheet 1 is a grammar and kanji words review material for the two conversations. Students should work on the worksheet at home to prepare for the quiz.

### ☐ Quiz（10 min.）

Sensee will give a quiz of Worksheet 1 at the beginning of the next class.

---

## Part 2 Lecture Part

### 🔟 Kanji Instruction with「漢字と言葉」(Kanji and Kanji Words)（60 min.）

Instruction on target kanji and kanji words of the Lecture will be given before going into the Lecture.

Sensee should write the target kanji and kanji words of the unit in「漢字と言葉」on the whiteboard in advance or show them using a PC and a projector. Students should open the relevant page of「漢字と言葉」 and confirm understanding of the meaning and reading of the target items.

First, sensee will show formally-related kanjis and explain the similarities and differences among them. These kanjis are shown under ☆ or ◇ in「漢字と言葉」. Then, sensee will demonstrate how to write each target kanji correctly while raising students attention to the formal components or elements of the kanji. Next, sensee will ask students to practice writing each target kanji until they can write it without hesitation. Finally, sensee will ask students to write each target kanji word.

## 1️⃣ Lecture

### ▶ Studying in Preparation for the Class （60 min.）

#### 1）Homework Using Key Sentences and Key Words

Study the key sentences while referring to the「漢字と言葉」booklet. And practice reading each sentence aloud. Study the Grammar Bits if you find one, and also Grammar Notes when you find instruction to do so. Then write appropriate kanji in （　） in Key Words section. You can find the appropriate kanji within the double-page. A quiz of the Key Words is given at the beginning of the next class.

#### 2）Homework Using the Lecture Text

See the lecture text and find out the key sentences which are indicated with small numbers and underline them. Then, study the lecture while paying due attention to key sentences that you have studied in Key Sentences and Key Words. Next, listen to the audio of the lecture while following the text and confirm your understanding. Finally, practice reproducing each line until you can say it without hesitation.

### ▶ The Class （100 min.）

| Step 0 | Quiz |
|---|---|
| | Sensee will give students a quiz of Key Words. |
| | **Essay Sharing** |
| | Sensee will return the teacher-proofed students' essays of the Conversation part. First, read your essay aloud in a small voice. Then, share essays with your classmate in pairs by reading your essay aloud to your partner. |
| Step 1 | Introduction to the Lecture |
| | Sensee will conduct a lecture in his or her own way about the theme of the unit. Listen carefully. |

XV

| Step 2 | Comprehension of the Lecture |
|---|---|
| | Sensee will play the audio of the lecture and ask couple of questions. Answer the questions. |
| Step 3 | Oral Practice |
| | Sensee will conduct oral practices of the lecture in the form of shadowing. Practice reproducing each line until you can say it easily. |
| Step 4 | Individual Review and Practice |
| | Sensee will give students some time to review and practice reading the text by themselves. Students are encouraged to ask questions if they have any during this time. After this, sensee may ask students to read aloud the lines one after another. |
| Step 5 | Questions and Answers |
| | Sensee will ask series of questions written on the Classroom Activities page. Answer the questions. Then sensee will give you time to write down the answers. Sensee will walk around the classroom to confirm that students' answers are correct. If sensee finds a student's answer or student's writing to be wrong, sensee should indicate the wrong part or correct it directly. |
| Step 6 | Discussion |
| | Form a group of three or four, and discuss the theme of the lecture. |

## ▶ Assignments and Homework

### 1) Assignment [Essay] (60 min.)

Write an essay on the theme of the lecture.

### 2) Worksheet 2

#### ■ Homework (60 min.)

Worksheet 2 is a grammar and kanji words review material for the lecture. Students should work on the worksheet at home to prepare for the quiz.

#### ☐ Quiz (10 min.)

Sensee will give a quiz of Worksheet 2 at the beginning of the next class.

### 3) Extra Kanji Work — Advanced Kanji Sheet

Advanced Kanji Sheet is an extra and optional material for advanced learners who intend to further expand and improve their knowledge of kanji and kanji words. Whether to include this part in the curriculum or not should be decided based on the factors such as students' prior knowledge of kanji, time allocated to the program, etc.

#### ■ Homework (60 min.)

Students should study the 「漢字と言葉」 of the unit thoroughly to prepare for the quiz. And confirm their understanding with Advanced Kanji Sheet.

#### ☐ Quiz (10 min.)

Sensee will give a quiz of Advanced Kanji Sheet at the beginning of the next class.

## Additional Informations for Users

### ☐ About the Text

Conversations between Li-*san* and Nakata-*kun* in Part 1 and lectures by Nishiyama-*sensee* in Part 2 are a creation by the author. Nishiyama *sensee*'s perspectives and opinions are expressed in the lecture as an example, though they may not be accurate in terms of academic argument. Teachers are encouraged to share their experiences and opinions with the students. Also teachers may occasionally provide relevant and recent authentic materials in order to expand students' understanding of the theme and stimulate their thoughts.

## Writing Conventions Adopted in "NIJ"

*Joyo-Kanji* (Kanjis for Daily Use) guidelines are generally adopted in writing the text with exceptions explained below.

(1) The following words are written in hiragana.

※ Words marked with "*" only appear in Classroom Activities, Grammar Notes or Grammar Summary, and does not appear in the main text.

*あたたかい(暖かい)、あてる、いろいろな、おこづかい、おすし、かれら、きらいな、けっこう、*こわれる、さす(刺す)、さらす、さまざまな、さんざんな、すでに、ぜんぜん、そうじ、たいへんな、つかれる、つく(付く)、とる(取る)、ながめる、のびのびと、はずかしい、ほえる、まったく、むずかしい、めずらしい、*めんどうな、やさしい(優しい)、わたし、わりと

(2) The following words are written in kanji and hiragana.

お客さま、子ども、友だち

(3) Use of JLPT N1 kanji are generally avoided with a few exceptions such as 違(in 違う)、厳(in 厳しい)、競(in 競争)、扱(in 扱う)、etc.

## Readings Added to Kanji Words in the Text

Readings in hiragana are added to kanji words that are written using N4 kanji or beyond. Readings are added at the first appearance of the word in each double-page.

Though the following words can be written using N5 kanji, they are added with readings.

間、生きる、一日、一人前、入れる、生まれる、駅前、お母さん、お父さん、大人、～か月、木、今日、空気、国、言語、高校、高校生、今年、先に、～時間、社会、小学生、小学校、生じる、出す、中学、中学生、中学校、月、二足、～人(にん)、人間、～年間、入る、火、日、人(ひと)、人たち、～分、～本、前足、学ぶ、水、分かる

※ Reading of the words shown below is given only once at the first appearace in this text.

　　a. さまざまな「何」　例) 何人、何を、何語を、何で、など

　　b. 好きです、英語、中国

　　c. 中田(くん)

　　d. ～年生

## English Translations to the Text

Words beyond JLPT N4 are translated.

(1) No translation is given to the words shown below that are N4 vocabulary or considered N4 vocabulary equivalents.

　　a. 小学校／小学生、中学／中学校／中学生、高校／高校生、大学／大学生

　　b. カタカナの国名、～人(じん)、～語　※「～」はいずれもカタカナ

(2) Translation of the words shown below is given only once at the first appearance in this text. And they are not included in the list of vocabulary in the appendix.

　　a. 国名を除く地名、固有名詞

　　b. ～年生

## Highlighting the Important Grammar Points

Important grammar points are highlighted in bold font. They may be considered to be grammar points at JLPT N3 level.

# 授業の進め方（教師のみなさんへ）

　本書を活用した指導の進め方について、授業と授業準備等に分けて、各ステップの所要時間も示しながら解説します。一つのユニットの勉強に概ね**7-8時間の家庭学習と7-8時間の授業**が必要となります。

## Part 1　会話パート

### ❶ 会話1（Conversation ①）

#### ▶ 授業のための準備（家庭学習）（60分）

　学習者は授業準備として、会話のオーディオを聞いて内容を理解します。会話の各セリフが言えるようになるまで練習します。

#### ▶ 授業（100分）

| ステップ0 | エッセイの交換 |
|---|---|
| | 前ユニットのレクチャーパートの教師添削済みエッセイを返却します。まずは、各自で再度音読して、添削部の確認をさせます。次に、ペアになって、学習者間でエッセイの読み聞かせ合いをします。 |
| ステップ1 | 口頭練習 |
| | 導入として、前回の会話の内容を質疑応答の形で引き出してください。その後、その日の会話のオーディオを聞かせます。その際、適宜にいくつか内容についての質問をしてください。次に、繰り返し練習やシャドーイングなどの方法で会話の口頭練習をします。スムーズに言えるようになるまでしっかりと練習してください。ペアでの練習という形でもかまいません。 |
| ステップ2 | 口頭応答練習 |
| | 会話をある程度のまとまりで聞かせつつ、そこで話されたことを引き出す質問をし、答えさせてください。次に、Classroom Activities ②の質問で、ペアで質疑応答の練習をしてください。 |
| ステップ3 | 先生の話 |
| | 会話のトピックについて先生が自分の話をしてください。情報を小出しにしたり、内容を繰り返したりするなどの工夫もしてわかりやすく話してください。 |
| ステップ4 | わたしの話 |
| | 3～4人のグループを作り、会話のトピックについてグループで話してください。<br>※ ユニット2の会話2は例外です。③のロールプレイをしてください。 |

#### ▶ 宿題［エッセイ］（60分）

　ユニットのテーマについてエッセイを書く宿題を出してください。（Classroom Activities ⑤）

### ❷ 会話2（Conversation ②）

　会話2について、授業のための準備と、授業のステップ1から4と、宿題［エッセイ］の各手順を繰り返してください。

## ▶宿題［ワークシート1］

### ■ ワークシート1（30分）

ワークシート1は、会話の中の文法と漢字語を復習する教材です。クイズ（小テスト）のための勉強としてワークシートを宿題として自分で勉強するように指示してください。

### □ クイズ（小テスト）（10分）

次の授業の最初に、ワークシート1のクイズ（小テスト）を実施してください。

---

## Part 2 レクチャーパート

### ⓪「漢字と言葉」（別冊）を活用した漢字指導（60分）

レクチャーの授業の前に、重要な漢字と漢字語について指導します。

授業が始まる前に「漢字と言葉」にある学習漢字と漢字語をホワイトボードに書いておいてください。学習者に「漢字と言葉」の該当ページを開くように指示します。

まず、学習漢字と漢字語の意味と読みを確認させてください。次に、ホワイトボードに書いてある学習漢字に関係づけて同じ部品をもつ漢字や形が類似している漢字などを説明してください。「漢字と言葉」の☆や◇にそのような類似漢字がリストアップされています。そして、学習漢字がどのような字形要素でできているかホワイトボード上で示し、その要素の複合として漢字の書き方を説明してください。その上で、一気に書けるようになるまで漢字の書き方を練習させてください。さらに、学習漢字語も同じように一気に書けるようになるまで練習させてください。

### ① レクチャー

#### ▶授業のための準備（60分）

それぞれの部分について学習者に以下のように指示してください。

#### 1) Key Sentences and Key Words を使った予習

(1) 適宜に「漢字と言葉」を参考にしながら Key Sentences and Key Words の中のそれぞれの重要文 (key sentence) を勉強してください。そして、各文を声を出して読んでください。

(2)「Grammar Bits」がある場合、また、「Grammar Notes」の指示がある場合は、それぞれを勉強してください。

(3) 右ページ下の重要語 (key words) の部分を勉強してください。(　　)に入る言葉はこの見開きページの重要文の中に必ずあります。この重要語の部分は、授業でクイズ（小テスト）をします。

#### 2) レクチャーのテクストを使った予習

(1) レクチャーのテクストを見て、キーセンテンスナンバーが付いている文 (key sentence) を見つけて、下線を引いてください。

(2) Key Sentences and Key Words でキーセンテンスナンバーの重要文を確認しながら、レクチャーのテクストを勉強してください。

(3) レクチャーのテクストを見ながらオーディオを聞いて理解できるかどうか確認してください。

(4) オーディオを聞きながらレクチャーのテクストが無理なく言えるようにまで口頭練習してください。

## ▶授業（100 分）

| ステップ0 | クイズ(小テスト) |
|---|---|
| | Key Sentences and Key Words の重要語(key words)のクイズ(小テスト)を実施してください。 |
| | **エッセイの交換** |
| | 会話パートの教師添削済みのエッセイを返却します。まずは、各自で再度音読して、添削部の確認をさせます。次に、ペアになって、学習者間でエッセイの読み聞かせ合いをします。 |
| ステップ1 | レクチャーの導入 |
| | 自分(教師)が西山先生になったつもりで、レクチャーの内容について話してください。パソコンとプロジェクターがある場合は、イラストや写真を入れた PPT を活用するのが有効です。 |
| ステップ2 | レクチャーの理解 |
| | オーディオを聞かせ、レクチャーの内容の主要点について質問をし、答えさせてください。 |
| ステップ3 | 口頭練習 |
| | シャドーイングでレクチャーの口頭練習をしてください。スムーズに言えるようになるまでしっかり練習してください。 |
| ステップ4 | 個別の学習と練習 |
| | 学習者が個別でレクチャーを読んだり、口頭練習をしたりする時間を与えてください。この間、教師は机間巡視し、学習者の質問に答えてください。このような時間をとった後で、学習者を一人ずつ当てて一文ずつ読ませるのもいいでしょう。 |
| ステップ5 | 質疑応答練習 |
| | Classroom Activities にある質問や課題を参考にして、質疑応答の活動をしてください。その後、Classroom Activities の答えを書くように指示してください。学習者が答えを書いている間、先生は机間巡視をしてください。学習者の答えや表記が間違っているときは、間違っている部分を指摘したり、直接直したりしてください。 |
| ステップ6 | ディスカッション |
| | 3～4 人のグループを作り、レクチャーのテーマについて話してください。 |

## ▶宿題［エッセイ／ワークシート2］

### 1) エッセイ（60分）
レクチャーのテーマについてエッセイを書く宿題を出してください。

### 2) ワークシート2

#### ■ 宿題（60分）
ワークシート2は、レクチャーの中の文法と漢字語を復習する教材です。クイズ（小テスト）のための勉強として、ワークシートを宿題として自分で勉強するように指示してください。

#### □ クイズ（小テスト）（10分）
次の授業の最初にクイズ（小テスト）を実施してください。

### 3) 追加の漢字学習 －Advanced Kanji Sheet
「漢字と言葉」のAdvanced Kanji Sheetは、漢字と漢字語の知識をさらに拡充するための、進んだ学習者向けの追加的な教材です。この部分をカリキュラムに含めるかどうかは、学習者の既習漢字の量や、コースの時間などを勘案して決めてください。

#### ■ 宿題（60分）
クイズ（小テスト）のための勉強として、そのユニットの「漢字と言葉」を全部しっかりと勉強するように指示してください。その上で、Advanced Kanji Sheetで習得を確認するように指示してください。

#### □ クイズ（小テスト）（10分）
次の授業の最初に、Advanced Kanji Sheetのクイズ（小テスト）を実施してください。

## その他の情報

### □ テクストについて

Part 1のリさんと中田くんの会話とPart 2の西山先生のレクチャーはいずれも本書執筆者の創作です。レクチャーの内容は学問的な厳密さを追究するものではありません。また、そこでの見解は西山先生という一教養人の一つの視点です。授業にあたっては、教師は積極的に学習者に自身の経験や意見を話してください。また、テーマについての理解を促進し学習者の考えを刺激するためにテーマ関連の最近の記事を用意し補助教材として使用するのもいいでしょう。

### □ 表記法

本書では、基本として常用漢字に準じた表記法を採用しています。しかし、学習の便宜のために以下のような例外を設けています。

(1) 以下の語はひらがなで表記する。

※ "*" が付いている語は、Classroom ActivitiesやGrammar NotesやGrammar Summaryのみで現れるものです。

＊あたたかい（暖かい）、あてる、いろいろな、おこづかい、おすし、かれら、きらいな、けっこう、＊こわれる、さす（刺す）、さらす、さまざまな、さんざんな、すでに、ぜんぜん、そうじ、たいへんな、つかれる、つく（付く）、とる（取る）、ながめる、のびのびと、はずかしい、ほえる、まったく、むずかしい、めずらしい、＊めんどうな、やさしい（優しい）、わたし、わりと

(2) 以下の語はひらがな漢字交じりで表記する。

お客さま、子ども、友だち

(3) 日本語能力試験 N1 の漢字は基本としては使用しない。

例外として、違(in 違う)、厳(in 厳しい)、競(in 競争)、扱(in 扱う)などのように使用する場合もある。

## □ テクストへのルビ

日本語能力試験 N4 及びそれ以上の漢字で表記される漢字語にはルビを振っています。ただし、ルビは見開きページで初出の 1 回のみとしています。

以下の語は N5 漢字で表記することができますが、ルビを振っています。

間、生きる、一日、一人前、入れる、生まれる、駅前、お母さん、お父さん、大人、〜か月、木、今日、空気、国、言語、高校、高校生、今年、先に、〜時間、社会、小学生、小学校、生じる、出す、中学、中学生、中学校、月、二足、〜人(にん)、人間、〜年間、入る、火、日、人(ひと)、人たち、〜分、〜本、前足、学ぶ、水、分かる

※ 以下の語は、本書での初出時のみルビを振っています。

a. さまざまな「何」 例)何人、何を、何語を、何で、など

b. 好きです、英語、中国

c. 中田(くん)

d. 〜年生

## □ テキストへの語釈

日本語能力試験 N4 を超える語には、英語で語釈を付けています。

(1) 以下の語は N4 語彙及び N4 語彙見なし語彙として、語釈をしていません。

a. 小学校／小学生、中学／中学校／中学生、高校／高校生、大学／大学生

b. カタカナの国名、〜人(じん)、〜語 ※「〜」はいずれもカタカナ

(2) 以下の語は初出時のみ語釈をし、以降はしていません。また、これらの語は対訳語彙リストには掲載していません。

a. 国名を除く地名、固有名詞

b. 〜年生

## □ 文法事項の強調

注目するべき文法事項は太字にしています。太字の文法事項は、日本語能力試験 N3 に対応すると考えられる文法事項となります。

# Unit 1 人間と社会の発展①
にんげん　しゃかい　はってん

## Part 1　Conversation

Conversation ①：りさん
　　　Theme　わたしの家族
　　　　　　　　　　かぞく

Conversation ②：中田くん
　　　　　　　　なかた
　　　Theme　わたしのこと

## Part 2　Lecture

Lecture：人間と動物

> この講義のテーマは、「現代社会で生きる」です。人間は、動物です。
> こうぎ　　　　　　　　げんだいしゃかい　い　　　　　にんげん　　どうぶつ
> でも、人間はほかの動物とは違います。人間は社会的な動物です。そ
> 　　　　　　　　　　　　ちが　　　　　　　　　　てき
> して、言葉を使って生きる動物です。
> 　　ことば　つか

➡ Grammar Summary to Unit 1–Unit 3　　pp. 37-39.

➡ Grammar Notes　　1. Passive Expressions　(p. 160)

# Part 1

## りさん 🔊 no.01

　わたしは、リ・アイリンです。大京大学の工学部の１年生です。マレーシアのクアラルンプールから来ました。中国系のマレーシア人です。

　わたしの家族は、７人です。父と母と兄と姉と弟と妹とわたしです。父も母も兄弟も、マレーシアに住んでいます。

　父は、小さい会社を経営しています。ビジネスのコンサルタントです。日本の会社とよく仕事をしています。時々、仕事で日本に来ます。父は、とてもやさしいです。

　母も、仕事をしています。母は、大学の先生です。大学で中国語と中国の歴史を教えています。母は、ちょっときびしいです。

　兄は、銀行に勤めています。頭がよくて、いろいろなスポーツができます。大学生のときは、近所の子どもにサッカーを教えていました。大学では、経済学を勉強しました。兄は、とてもおもしろいです。兄は、結婚しています。子どもが１人います。

　姉は、今、大学院生です。大学院で薬の研究をしています。姉はピアノが上手です。うちで、ピアノ教室をしています。姉は、とてもきれいです。

　弟と妹は、高校生です。同じ学校に行っています。弟は、外国語の勉強が好きです。英語と日本語とフランス語を勉強しています。妹は、数学と物理が好きです。よくパソコンで遊んでいます。弟も妹も、かわいいです。

## Classroom Activities

**Unit 1**

**1** Oral Practice
**口頭練習**
こうとうれんしゅう
なめらかに言えるまで練習してください。

**2** **質問と答え**
しつもん　こた
ペアで質問と答えの練習をしてください。

Q1 リさんの家族は、何人ですか。
なん

Q2 お父さんは、何をしていますか。
とう　　　なに

Q3 お母さんは、何をしていますか。
かあ

Q4 お兄さんは、何をしていますか。
にい

Q5 お兄さんは、どんな人ですか。
ひと

Q6 お兄さんは、結婚していますか。

Q7 お姉さんは、何をしていますか。
ねえ

Q8 弟さんは、何語を勉強していますか。
なに

**3** **先生の話 — 先生の家族**
先生が家族について話します。よく聞いてください。

**4** **わたしの話 — わたしの家族**
3、4人のグループで自分の家族について話してください。
じぶん

**5** **エッセイ**
上のテーマでエッセイを書いてください。

Part 1

Part 2

3

# Part 1

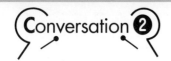

## 中田くん
なかた

　中田春夫です。大京大学の外国語学部の2年生です。専門はマレーシア語です。

　伊豆の下田出身です。うちは、昔からの旅館です。父も母も、旅館の仕事をしています。父は、料理長です。父は4代目です。うちの旅館には、時々外国人のお客さんが来ました。子どものときは、よく話しかけられました。

　ぼくは、子どものときから、英語が好きでした。小学校のときは、学校に来ていたオーストラリアの先生と友だちになりました。中学のときは、YouTubeなどを見ながら、英語を勉強しました。ですので、中学3年生のときは、もうかなり英語ができました。ぼくは、うちの「外国のお客さま担当」でした。

　外国に興味があったので、外国語学部に入りました。英語は自分で勉強できると思ったので、他の言語を選びました。アジアの言語がおもしろそうだったので、マレーシア語にしました。

　将来は、うちの旅館を継ぐと思います。でも、その前に、観光関係の仕事をしたいと思っています。そして、世界のいろいろな国に行きたいと思っています。

# Classroom Activities

**1 口頭練習**

なめらかに言えるまで練習してください。

**2 質問と答え**

ペアで質問と答えの練習をしてください。

Q1 中田くんの専門は何ですか。

Q2 出身はどこですか。

Q3 中田くんのうちは、何をしていますか。

Q4 中田くんは、英語がきらいですか。

Q5 中学のときは、何で英語を勉強しましたか。

Q6 大学に入るとき、中田くんは、なぜマレーシア語を選びましたか。2つ答えてください。

Q7 中田くんは、将来何をしたいですか。

**3 先生の話 ― 先生のこと**

先生が自分のことについて話します。よく聞いてください。

**4 わたしの話 ― わたしのこと**

3、4人のグループで自分のことについて話してください。

**5 エッセイ**

上のテーマでエッセイを書いてください。

# Part 1

## Worksheet 1

（　）の中に漢字を書いてください。そして、下線部に適当な言葉を入れてください。
(かんじ)　　　　　　　　　　　　　　　(かせんぶ)(てきとう)(ことば)(い)

*underlined part  appropriate  word*

1. リさんは、大京大学の（　こう　がく　ぶ　）の１年生です。マレーシアから来ました。中国（　けい　）のマレーシア人です。

2. リさんの家族は、７人です。お（　とう　）さんもお（　かあ　）さんも（　きょう　だい　）もマレーシアに（　す　）んでいます。

3. お父さんは、小さい（　かい　しゃ　）を経営しています。コンサルタントです。時々、（　し　ごと　）で日本に来ます。

4. お母さんは、大学で中国（　ご　）と中国の（　れき　し　）を教えています。

5. お兄さんは、（　ぎん　こう　）に勤めています。（　あたま　）がよくて、いろいろなスポーツができます。（　けっ　こん　）しています。（　こ　）どもが１人います。

6. お姉さんは、（　だい　がく　いん　せい　）です。（　くすり　）の（　けん　きゅう　）をしています。ピアノが（　じょうず　）です。

7. 弟さんは、（　がい　こく　ご　）の勉強が好きです。（　えい　ご　）と日本語とフランス語を勉強しています。

8. 中田くんは、外国語（　がくぶ　）の2（　ねんせい　）です。（　せんもん　）はマレーシア語です。

9. 下田（　しゅっしん　）です。中田くんのうちは、（　りょかん　）です。

10. 旅館には、時々外国人のお（　きゃく　）さんが来ました。子どものときは、よく話し＿＿＿＿＿＿＿ました。

11. 中田くんは、子どものときから英語が好きでした。（　しょうがっこう　）のときは、オーストラリアの先生と（　とも　）だちになりました。（　ちゅうがく　）のときは、YouTubeなどを見ながら、英語を勉強しました。

12. 中田くんは、英語は（　じぶん　）で勉強できると思ったので、（　ほか　）の言語を選びました。アジアの（　げんご　）がおもしろ＿＿＿＿＿＿＿ので、マレーシア語を選びました。

13. 中田くんは、（　かんこう　）（　かんけい　）の仕事をしたいと思っています。

# Part 2

## Key Sentences and Key Words

### Key Sentences

Study the following sentences while refering to the 「漢字と言葉」booklet. And practice reading each sentence aloud.

① 人間と動物の違いは、二足歩行することや、道具や火を使うことや、言葉を使うことです。

*the difference between human and animals* ・ *bipedal walking* ・ *tools* ・ *fire* ・ *word, language*

| | | | |
|---|---|---|---|
| 1. | 人間<br>にんげん | 5. | 道具<br>どうぐ |
| 2. | 動物<br>どうぶつ | 6. | 火<br>ひ |
| 3. | 違い<br>ちが | 7. | 言葉<br>ことば |
| 4. | 二足歩行<br>にそくほこう | | |

② 立って歩くことで、ヒトの前足は自由になりました。それが手です。

*as a consequence of walking in an upright position* ・ *humans* ・ *foreleg*

| | | | |
|---|---|---|---|
| 1. | 前足<br>まえあし | 2. | 自由になる<br>じゆう |

③ ヒトは手でいろいろなことができるようになりました。ヒトは手で道具を使うようになりました。火も上手に使えるようになりました。

a. ヒトは手でいろいろなことができるようになりました。
　　　　　　できるようになります

　　　できません → できます

b. ヒトは手で道具を使うようになりました。
　　　　　　使うようになります

　　　使いません → 使います

c. 火も上手に使えるようになりました。
　　　　　　使えるようになります

　　　使えません → 使えます

④ ヒトは、集団で活動すると、強くなります。例えば、1人でイノシシを捕まえることはできません。でも、集団で協力すれば、イノシシを捕まえることができます。

*if they operate in a group* ・ *get stronger* ・ *wild boar* ・ *catch* ・ *if they cooperate; Compared to と, using ば makes the condition clearer.*

8

| | | | | |
|---|---|---|---|---|
| 1. | 集団<br>しゅうだん | 4. | イノシシ | |
| 2. | 活動する<br>かつどう | 5. | 協力する<br>きょうりょく | |

3. 強くなる　　弱い⇔強い
　　つよ　　　　よわ　　つよ

　　弱い　強い
　　よわ　　つよ

in the course<br>of time　　　　similar activity　　　　　　　　similar situation　　　　　similar voice　　　　　　　　　　　was<br>conventionalized

⑤ やがて、同じような活動の同じような状況で同じような声を出すことが慣習化し

ました。

| | | | | |
|---|---|---|---|---|
| 1. | 同じような活動<br>おな　　　かつどう | 5. | 慣習化する<br>かんしゅうか | |
| 2. | 同じような状況<br>おな　　　じょうきょう | | cf.慣習 – convention, custom<br>　かんしゅう | |
| 3. | 同じような声<br>おな　　　こえ | | 習慣 – practice, habit<br>しゅうかん | |
| 4. | 声を出す<br>こえ　だ | | | |

in conjunction with<br>the complication of activity　　　　　　　more sophisticated words/phrases

⑥ 活動の複雑化とともに、もっと<u>洗練された</u>言葉が<u>使われる</u>ようになりました。

※ Study Grammar Notes 1（Passive Expressions）on p.160 to understand the underlined part.

| | | | |
|---|---|---|---|
| 1. | 複雑な ⇔ 単純な<br>ふくざつ　　たんじゅん | 3. | 洗練された言葉<br>せんれん　　　ことば |
| 2. | 複雑化する ⇔ 単純化する<br>ふくざつか　　　たんじゅんか | | cf.言葉を洗練させる<br>　ことば　せんれん |

---

### Grammar Bits 1 ～化する
　　　　　　　　　　　　　か

慣習化する — be habitualized

複雑化する — get complicated, make something complicated

単純化する — make something simple

近代化する（Unit 4）— modernize
きんだい

As shown above ～化する often changes a noun or adjective into a verb to mean "become or get/make ～".

---

### Key Words

1．人間は道具を使います。そして、（　　どう　ぐ　　）を（　　せん　れん　　）させました。

2．同じような（　かつ　どう　）の同じような（　じょう　きょう　）で同じような（　こえ　）
　を出すことが（　かん　しゅう　か　　）しました。

3．人間は、（　しゅう　だん　）で、（　ふく　ざつ　）な（　かつ　どう　）ができます。

# Part 2

## Lecture

# 人間と動物

 no.03

今日から12回にわたって、「現代社会で生きる」というタイトルで、短い話をします。

わたしたちは生きていますし、人間以外の動物も生きています。①人間と動物の違いは何でしょう。それは、二足歩行することや、道具や火を使うことや、言葉を使うこと、と言われています。しかし、それらは本質的な違いではありません。

ヒトも動物も、目で見て、耳で聞いて、口で食べたり飲んだりします。そして、足で歩きます。しかし、ヒトは2本の足で、立って歩いたり走ったりします。②立って歩くことで、ヒトの前足は自由になりました。それが手です。そして、③ヒトは手でいろいろなことができるようになりました。ヒトは手で道具を使うようになりました。火も上手に使えるようになりました。そして、ヒトは道具をますます洗練させました。

④ヒトは、1人では弱い動物です。しかし、集団で活動すると、強くなります。例えば、1人ではイノシシを捕まえることはできません。でも、集団で協力すれば、捕まえることができます。しかし、その場合に、集団の活動をうまくコーディネートしなければなりません。そのために、はじめは、「ウー、オー」と言いながら身振り手振りのサインを使いました。しかし、「ウー、オー」では、何をすればいいか分かりません。⑤やがて、同じような活動の同じような状況で同じような声を出すことが慣習化しました。言葉の誕生です。

言葉を手に入れたことで、人間はもっと複雑な活動ができるようになりました。そうすると、もっと洗練された言葉が必要になりました。⑥活動の複雑化とともに、もっと洗練された言葉が使われるようになりました。言語の発達です。

## Classroom Activities

1 一般に言われる人間と動物の違いは何ですか。

(1) _____

(2) _____

(3) _____

2 道具使用の発達を説明してください。

(1) 立って歩く　⇒　(2) _____

　　　　　　　　⇒　(3)　手でいろいろなことができる

　　　　　　　　　　　① _____

　　　　　　　　　　　②　手で火を上手に使う

3 言葉の誕生を図式的に説明してください。

(1) 集団で活動　⇒　(2) 集団の活動を_____しなければならない

　　　　　　　　　そのために！

　　　　　　　　　　　①　「ウー、オー」　⇒　　慣習化　⇒　　言葉

　　　　　　　　　　　② _____

4 言語の発達を図式的に説明してください。

(1)　言葉を手に入れた　⇒　_____ができるようになった。

　　　　　　　　　　　　⇒　_____が必要になった。

(2)　活動の複雑化　　　⇒　_____が使われるようになった。

5 ディスカッション

人間以外の動物は集団で活動しますか？　コミュニケーションをしますか？

6 エッセイ

上のテーマでエッセイを書いてください。

# Part 2

## Worksheet 2

（　）の中に漢字を書いてください。そして、下線部に適当な言葉を入れてください。

1. 人間と動物の違いは何でしょう。それは、二足（　ほこう　）することや、道具や火を使うことや、言葉を使うこと、＿＿＿＿＿＿＿＿＿＿＿＿＿。しかし、それらは（　ほんしつてき　）な（　ちが　）いではありません。

2. 立って歩く＿＿＿＿＿＿＿、ヒトの前足は（　じゆう　）になりました。それが手です。そして、ヒトは手で（　どうぐ　）を使うようになりました。火も上手に使えるようになりました。そして、道具を＿＿＿＿＿＿＿洗練させました。

3. ヒトは、1人では弱い（　どうぶつ　）です。しかし、集団で活動すると、（　つよ　）くなります。

4. （　しゅうだん　）で協力＿＿＿＿＿＿＿、イノシシを捕まえることができます。しかし、その場合に、集団の（　かつどう　）をうまくコーディネートしなければなりません。＿＿＿＿＿＿＿＿＿、はじめは、「ウー、オー」と言いながら身振り手振りのサインを使いました。しかし、「ウー、オー」では、＿＿＿＿＿＿＿＿＿＿＿分かりません。

5. 言葉を手に入れたことで、人間はもっと複雑な活動ができる＿＿＿＿＿＿＿＿＿＿＿＿。＿＿＿＿＿＿＿＿、もっと洗練された言葉が（　ひつよう　）になりました。活動の複雑化＿＿＿＿＿＿＿、もっと洗練された言葉が使われるようになりました。言語の（　はったつ　）です。

# Unit 2  人間と社会の発展②

## Part 1　Conversation

Conversation ①：はじめまして
　　　　　　　Theme　できる外国語

Conversation ②：紅茶の店に誘う
　　　　　　　Theme　誘う

## Part 2　Lecture

Lecture：人間と動物の本質的な違い

> 人間には、決まった一つの生き方はありません。人間の生き方は、いろいろです。人間は、いろいろな場所で、いろいろな生き方を作りました。それが文化です。そして、人間は歴史も作りました。

➡ Grammar Summary to Unit 1–Unit 3　pp. 37-39.

➡ Grammar Notes　2.　～ていく (p. 163)

## Part 1

# はじめまして

no.04

4月3日（金）夕方　パーティで

Li-*san* joined a welcome party for newly-arrived international students which was arranged by the International Center. She met Nakata-*kun* who studies Malay language at the party. Nakata-*kun* offers a cup of coffee to Li-*san*.

中田： コーヒー、**飲みますか**。

リ　： あっ、ありがとうございます。でも、紅茶の方が…。

中田： **持ってきましょうか**。

リ　： あっ、すみません。

中田： ミルクは？ (milk)

リ　： ミルクは、いいです。

Nakata-*kun* soon brings a cup of tea for Li-*san*, and greets her.

中田： はい、紅茶です。どうぞ。わたしは、外国語学部の中田です。

リ　： こんにちは。はじめまして。工学部１年生のリです。 (faculty of engineering)

中田： リさんは、マレーシア人ですか。

リ　： はい、マレーシアから来ました。どうして、分かりましたか。

中田： マレーシア語が聞こえましたから。わたしは、外国語学部でマレーシア語を**勉強しています**。

リ　： ああ、そうですか。何年生ですか。

中田： ２年生です。

リ　： マレーシア語ができますか。

中田： 簡単な会話は、できます。マレーシア語で**話しましょうか**。

リ　： いえいえ、ここは日本ですから、日本語で**話しましょう**。

中田： ああ、そうですね。リさんは、いつ、日本に来ましたか。

リ　： 今年の３月です。

中田： マレーシアのどこから？

リ　： クアラルンプールです。

14

## Classroom Activities

1 **口頭練習**

なめらかに言えるまで練習してください。

2 **質問と答え**

ペアで質問と答えの練習をしてください。

Q1 リさんは、どこで中田くんと会いましたか。

Q2 リさんは、コーヒーが好きですか。

Q3 中田くんは、何学部の学生ですか。

Q4 専門は何ですか。

Q5 中田くんは、マレーシア語が話せますか。

Q6 リさんは、マレーシアのどこから来ましたか。

3 **先生の話 ― できる外国語**

先生ができる外国語について話します。よく聞いてください。

4 **わたしの話 ― できる外国語**

3、4人のグループでできる外国語について話してください。

5 **エッセイ**

上のテーマでエッセイを書いてください。

# Part 1

 紅茶の店に誘う　🔊 no.05

Nakata-*kun* invites Li-*san* for tea.

中田： クアラルンプールは、とても大きくて近代的な町ですね。

リ　： そうですね。高層ビルもたくさんありますし、大きいショッピングモールもあります。

中田： そうですね。最近は、日本人もたくさん住んでいますね。

リ　： はい、クアラルンプールの郊外に、日本人がたくさん住んでいます。

中田： そうですね。

リ　： 中田さんは、マレーシアのことをよく知っていますね。

中田： ええ、実は、今年の夏に、マレーシアに行きます。

リ　： ああ、そうですか。

中田： そういえば、リさんは、紅茶が好きですか。

リ　： はい、コーヒーより紅茶の方が好きです。

中田： 学校の近くに、おいしい紅茶の店があります。知っていますか。

リ　： いいえ、知りません。

中田： よかったら、いっしょに行きませんか。

リ　： えっ？

中田： おいしい紅茶もありますし、おいしいケーキもありますよ。

リ　： あっ、そうですか。わたしは、ケーキが大好きです。

中田： じゃあ、あしたの午後に、行きましょうか。

リ　： そうですね。

中田： マレーシアのことをいろいろ教えてください。

リ　： いいですよ。

中田： じゃあ、3時頃に図書館の前で会いましょうか。

リ　： はい、そうしましょう。

# Classroom Activities

**Unit 2**

### 1 口頭練習

なめらかに言えるまで練習してください。

### 2 質問と答え

ペアで質問と答えの練習をしてください。

Q1 クアラルンプールは、どんな町ですか。

Q2 クアラルンプールには、日本人は住んでいますか。

Q3 中田くんは、今年の夏に、何をしますか。

Q4 中田くんとリさんは、あしたどこに行きますか。

Q5 なぜ、中田くんはリさんを紅茶の店に誘いましたか。
                                          invite

### 3 練習

友だちを誘ってください。

A： そういえば、☐☐☐☐☐☐☐さんは、＿＿＿＿＿が好きですか。

B： はい、大好きです。

　　　　　　　⋮

# Part 1

## Worksheet 1

（　）の中に漢字を書いてください。そして、<u>下線部</u>に適当な言葉を入れてください。

1. リさんは、コーヒーより（　こうちゃ　）の方が好きです。

2. 中田くんは、マレーシア語を勉強しています。（　かんたん　）な（　かいわ　）は、できます。

3. リさんは、（　ことし　）の3（　がつ　）に日本に来ました。

4. クアラルンプールは（　きんだいてき　）な町です。高層ビルもたくさんあります。（　さいきん　）は、（　こうがい　）に、日本人もたくさん（　す　）んでいます。

5. 中田くんは、(　なつ　)にマレーシアに行きます。

6. リさんは、コーヒー_____紅茶_____好きです。

7. 大学の(　ちか　)くにおいしい紅茶の(　みせ　)があります。リさんと中田くんは、次の日の(　ご　ご　)に、いっしょにその店に行きます。

8. リさんと中田くんは、次の日の3(　じ　)頃に、(　と　しょ　かん　)の(　まえ　)で(　あ　)います。

# Part 2

## Key Sentences and Key Words

### Key Sentences

Study the following sentences while refering to the「漢字と言葉」booklet. And practice reading each sentence aloud.

① チョウにはチョウの生き方があり、セミにはセミの生き方があります。魚には魚の生き方があり、鳥には鳥の生き方があります。ネズミやシカやライオンにも、それぞれの生き方があります。

| 1. 生き方 | 2. 鳥 |

Q. 下のそれぞれの絵は何ですか。（　　　）に書いてください。

（　　　）　（　　　）　（　　　）

（　　　）　（　　　）

② 原始の時代には、人間は狩猟と採集の生活をしていました。やがて、農耕と牧畜が始まりました。

| 1. 原始の | 5. 採集 |
| 2. 時代 | 6. 生活 |
| 3. 人間 | 7. 農耕 |
| 4. 狩猟 | 8. 牧畜 |

③ 人間の生活は、場所によってもさまざまです。アマゾンの奥地では、今でも石器時代の生活をしている人たちがいます。アフリカのサバンナでの生活と、北極圏に住むイヌイットの生活とは大きく異なります。

| | | | |
|---|---|---|---|
| 1. | 場所<br>ばしょ | 5. | サバンナ |
| 2. | アマゾン | 6. | 北極圏<br>ほっきょくけん |
| 3. | 奥地<br>おくち | 7. | イヌイット |
| 4. | 石器　　　石器時代<br>せっき　　せっきじだい | 8. | ＡとＢ（と）は異なる<br>こと |

④　人間は、自身のために独自の生産・生活様式を作る動物です。そして、それを
　for his own sake　　　its own production and lifestyle
　　　　　　　　　　　　　　　　　　　　　　　　　　　つく　どうぶつ

歴史的に改変していく動物です。そして、人間は、そうした新しい環境の中
hisotorically　change, modify　　　　　　　　　　　　　　　　　that sort of　　　　　environment

で生きられるように自分自身をも改変していきます。
　　　　in order that one may ～ ;
　　　　See Grammar Bits 2 below.　oneself

※ Study Grammar Notes 2（〜ていく）on p.163 to understand the underlined part.

| | | | |
|---|---|---|---|
| 1. | 自身のために<br>じしん | 5. | 歴史的に　　歴史<br>れきしてき　　れきし |
| 2. | 独自の<br>どくじ | 6. | 改変する<br>かいへん |
| 3. | 生産　　　生産様式<br>せいさん　　せいさんようしき | 7. | 環境<br>かんきょう |
| 4. | 生活　　　生活様式<br>せいかつ　　せいかつようしき | 8. | 自分自身<br>じぶんじしん |

**Grammar Bits 2** 〜ように

As explained in ④, 〜ように means "in order that one may 〜". Study the following examples.

（1）体が強くなる**ように**、毎日ジョギングをしています。
　　　からだ つよ　　　　　　jogging

（2）いい点がとれる**ように**、一生懸命勉強しました。
　　　good score
　　　てん　　　　　　　　　いっしょうけんめいべんきょう

**Key Words**

1．原始の（　じ　だい　）には、人間は（　しゅ りょう　）と（　さい しゅう　）の生活をし
ていました。やがて、（　のう こう　）と（　ぼく ちく　）が始まりました。

2．人間は、自身のために（　どく じ　）の（　せい さん　）・（　せい かつ　）様式を作る
動物です。そして、それを（　れき し てき　）に（　かい へん　）していく動物です。

21

# Part 2

## 人間と動物の本質的な違い

人間と動物の本質的な違いは何でしょう。

動物の場合は、それぞれの動物で生き方が決まっています。① チョウにはチョウの生き方があり、セミにはセミの生き方があります。魚には魚の生き方があり、鳥には鳥の生き方があります。ネズミやシカやライオンにも、それぞれの生き方があります。では、人間はどうでしょう。

② 原始の時代には、人間は狩猟と採集の生活をしていました。やがて、農耕と牧畜が始まりました。人間は、畑を作ってイモや麦を作ったり、山羊や羊や牛を飼ったりするようになりました。農耕と牧畜の発展によって、狩猟・採集の時代とは大きく異なる生活様式が始まりました。

③ 人間の生活は、場所によってもさまざまです。アマゾンの奥地では、今でも石器時代の生活をしている人たちがいます。アフリカのサバンナでの生活と、北極圏に住むイヌイットの生活とは大きく異なります。そして、かれらの生活と、高度に発展した現在のわたしたちの生活には、大きなギャップがあります。それでも、そのようなさまざまな生活様式の中で生きているのは、みんな人間です。

マルクスによると、④ 人間は、自身のために独自の生産・生活様式を作る動物です。そして、それを歴史的に改変していく動物です。生産や生活の様式は文化と呼んでいいでしょう。つまり、人間は、自分の手で自分のために文化と歴史を創造する動物なのです。人間以外の動物は文化や歴史を創造することはできません。そして、重要な点は、④ 人間は、そうした新しい環境の中で生きられるように自分自身をも改変していく動物だということです。

# Classroom Activities

**1** 人間の生活様式の変化を図式的に説明してください。
〈change〉〈diagrammatically〉

| | | |
|---|---|---|
| _____ | ： | 原始の時代 |

⇓

| | | |
|---|---|---|
| _____ | ： | 畑でイモや麦を作る |
| _____ | ： | 山羊や羊や牛を飼う |

**2** 人間の生活様式のバリエーションを説明してください。
〈variation, variety〉

(1) _____ ： 石器時代の生活

(2) _____

(3) _____

(4) _____ 高度に発展した現在のわたしたちの生活 _____

**3** マルクスによると、人間はどのような動物ですか。3つ答えてください。

(1) _____

(2) _____

(3) _____

**4** ディスカッション

人間は偉大な動物ですか？ おろかな動物ですか？
〈great〉 〈foolish, stupid〉

**5** エッセイ

上のテーマでエッセイを書いてください。

# Part 2

## Worksheet 2

（　）の中に漢字を書いてください。そして、<u>下線部</u>に適当な言葉を入れてください。

1. 動物の場合は、それぞれの動物で生き方が（　決　）まっています。しかし、人間の場合は、さまざまな生活（　様式　）があります。

2. 原始の時代には、人間は狩猟と採集の生活をしていました。_____、農耕と牧畜が始まりました。人間は、畑を作ってイモや（　麦　）を作ったり、山羊や（　羊　）や（　牛　）を飼ったりするようになりました。（　農耕　）と（　牧畜　）の発展_____、（　狩猟　）・（　採集　）の時代とは大きく異なる（　生活　）（　様式　）が始まりました。

3. 人間の生活は、場所_____もさまざまです。アマゾンの奥地では、今でも（　石　）時代の生活をしている人たちがいます。アフリカのサバンナ_____生活と、北極圏に住むイヌイットの生活とは大きく（　異　）なります。

4. マルクス_____、人間は、自身_____独自の生産・生活様式を作る動物です。そして、それを歴史的に改変し_____動物です。

5. 人間以外の動物は文化や（　歴史　）を（　想像　）することはできません。そして、人間はそうした新しい（　環境　）の中で生きられる_____自分自身をも改変していきます。

# Unit 3 人間と社会の発展③

## Part 1　Conversation

Conversation ①：寮の生活
　　　Theme　わたしの生活

Conversation ②：多民族国家　マレーシア
　　　Theme　わたしの国の民族と言語

## Part 2　Lecture

Lecture：農村社会

> 人間は、長い間、村で生きていました。村で、生まれて、大人になって、結婚して、子どもを育てて、そして、死にました。村では、こんな生活が、ずっと続きました。

→ Grammar Summary to Unit 1–Unit 3　　pp. 37-39.

→ Grammar Notes　　3.　〜てくる　(p. 163)

# Part 1

## Conversation ①  寮の生活(りょう せいかつ)

4月4日（土）午後　紅茶の店で①
(こうちゃ)

Li-*san* meets Nakata-*kun* in front of the library.

リ　：ああ、中田さん。

中田：ああ、リさん、こんにちは。

リ　：こんにちは。お待たせしてすみません。
(ま)

中田：いえいえ、ぼくも、今、来たところです。

Li-*san* and Nakata-*kun* go into the tea shop. And they begin to talk.

中田：リさんは、今、どこに住んでいますか。
(す)

リ　：大学の寮に住んでいます。
(dormitory)

中田：ああ、それはいいですね。

リ　：はい、とても便利です。学校まで自転車で10分くらいです。
(べんり)　　　　　(じてんしゃ)(じゅっぷん)

中田：寮には、何人くらい住んでいるんですか。
(なんにん)

リ　：100人くらいだと思います。いろいろな国の人がいるので、とてもおもしろいですよ。
(おも)　　　　(ひと)

中田：ああ、そうでしょうね。

リ　：金曜日の夜は、たいてい、寮の友だちといっしょに晩ごはんを食べます。みんな、
(きんようび)(よる)(night)　　　　　　　　　　　　　　　　(ばん)
　　いろいろな料理を作るので、いろいろなものが食べられます。
　　　　　(りょうり)(つく)

中田：へえ、楽しそうですね。
(たの)

リ　：はい、本当に楽しいです。みんな、料理がとても上手です。わたしは料理が下手な
(ほんとう)　　　　　　　　　　(じょうず)　　　　　　(へた)
　　ので、ちょっとはずかしいです。

中田：へええ。寮の友だちとは、日本語で話すんですか。

リ　：うーん、みんな、英語ができますから、たいてい英語ですね。

中田：ああ、そうですね。留学生の人で、英語ができない人はほとんどいませんからね。
(りゅうがくせい)

# Classroom Activities

### 1 口頭練習

なめらかに言えるまで練習してください。

### 2 質問と答え

ペアで質問と答えの練習をしてください。

Q1 リさんは、今、どこに住んでいますか。

Q2 寮から学校まで、近いですか。

Q3 寮には、学生が、何人くらいいますか。

Q4 金曜日の夜、リさんは、一人で晩ごはんを食べますか。

Q5 リさんは、料理が上手ですか。

Q6 寮の友だちとは、日本語で話しますか。

### 3 先生の話 ― 先生の生活

先生が自分の生活について話します。よく聞いてください。

### 4 わたしの話 ― わたしの生活

3、4人のグループで自分の生活について話してください。

### 5 エッセイ

上のテーマでエッセイを書いてください。

# Part 1

 多民族国家 マレーシア　🔊 no.08

中田： リさんは、もともと英語ができるんですか。

リ　： はい、うちでは英語でしたから。

中田： へええ。中国語は？

リ　： わたしは中国系の学校に行ったので、中国語もできます。他に、おじいちゃんとおばあちゃんの言葉もできます。中国の南の方の方言です。

中田： マレーシア語もできますよね。

リ　： ええ、マレーシア語は公用語ですし、学校でも勉強しましたから。でも、若い人はたいてい英語もできます。

中田： マレーシアは、多民族の国ですね。

リ　： はい、マレー系の人が60％、中国系が30％、インド系が10％、くらいです。サバやサラワクには、少数民族がいて、昔と同じような生活をしています。

中田： ああ、ボルネオ島のほうですね。

リ　： はい。ぜひ、サバにも行ってください。クアラルンプールとはぜんぜん違いますよ。

中田： はい、行こうと思っています。クアラルンプールからコタキナバルに行けばいいんですよね。

リ　： そうです。飛行機はたくさん飛んでいますから、簡単に行けますよ。

中田： 今のところ、コタキナバルにも1週間くらいいるつもりです。その間に、キナバル山にも行きたいと思っています。

リ　： ああ、キナバル山はいいですよ。わたしも中学生のときに家族で行きました。4000メートルの高い山ですが、わりと楽です。

中田： ぼくは山登りの経験がないんだけど、だいじょうぶかなあ。

リ　： はい、ガイドさんがついてくれますから、ぜんぜん心配しなくていいです。

28

## Classroom Activities

**1** **口頭練習**

なめらかに言えるまで練習してください。

**2** **質問と答え**

ペアで質問と答えの練習をしてください。

Q1 リさんは、英語ができますか。

Q2 なぜですか。

Q3 リさんは中国語ができますか。

Q4 なぜですか。

Q5 他に、どんな言語ができますか。
<sup>language</sup> / 言語（げんご）

Q6 マレーシアはどんな国ですか。

Q7 サバやサラワクは、何島にありますか。
何島（なにとう）

Q8 クアラルンプールからサバのコタキナバルまで、簡単に行けますか。

Q9 中田くんは、キナバル山に登りますか。
登（のぼ）

Q10 リさんは、キナバル山に行ったことがありますか。

Q11 キナバル山に登るのは、むずかしいですか。

**3** **先生の話 ― 日本の民族と言語**

先生が日本の民族と言語について話します。よく聞いてください。

**4** **わたしの話 ― わたしの国の民族と言語**

3、4人のグループで自分の国の民族と言語について話してください。
自分（じぶん）

**5** **エッセイ**

上のテーマでエッセイを書いてください。

# Part 1

## Worksheet 1

（　）の中に漢字を書いてください。そして、<u>下線部</u>に適当な言葉を入れてください。

1. リさんは、大学の寮に住んでいます。とても（ 便利 / べんり ）です。寮から学校まで、10（ 分 / ぶん ）くらいです。（ 寮 / りょう ）には、100人くらいの留学生が住んでいます。いろいろな（ 国 / くに ）の人がいます。

2. リさんは、金曜日の（ 夜 / よる ）は、友だちといっしょに晩ごはんを食べます。みんないろいろな料理を作るので、いろいろなものが食べられます。みんな、（ 料理 / りょうり ）が上手です。

3. リさんは、料理が（ 下手 / へた ）なので、ちょっとはずかしいです。

4. （ 晩 / ばん ）ごはんのときは、英語で話します。留学生はみんな、英語が（ 話 / はな ）せます。

5. リさんは、うちで英語を話していたので、（　　えいご　　）ができます。中国系の学校に行ったので、（　　ちゅうごくご　　）もできます。他に、おじいさんとおばあさんの（　　ことば　　）もできます。そして、（　　こうようご　　）のマレーシア語もできます。

6. マレーシアは、いろいろな民族が住んでいる（　　たみんぞく　　）の国です。マレー系が60％、中国（　　けい　　）が30％、インド（　　けい　　）が10％、くらいです。

7. ボルネオ島のサバやサラワクには、（　　しょうすう　　）（　　みんぞく　　）が住んでいます。そして、今でも、（　　むかし　　）と（　　おな　　）じような（　　せいかつ　　）をしています。中田くんは、サバにも行_____。

8. クアラルンプールからコタキナバルまでは、飛行機があります。（　　ひこうき　　）はたくさん飛んでいるので、（　　かんたん　　）に行けます。

9. リさんは、中学生のときに、（　　かぞく　　）でキナバル山に行きました。キナバル山は4000メートルの山ですが、わりと（　　らく　　）です。登るときは、ガイドさんが_____。

# Part 2

## Key Sentences and Key Words

### Key Sentences ▶

Study the following sentences while refering to the「漢字と言葉」booklet. And practice reading each sentence aloud.

① わたしたちは、高度に発展した豊かな物質的環境で生きています。社会も高度に
複雑化し、その全体像は誰も把握できないくらいです。
　└ an abbrebviation of して

| | | | |
|---|---|---|---|
| 1. | 高度に ← 高度な | 6. | 複雑化する ⇔ 単純化する |
| 2. | 発展した ← 発展する | 7. | 全体像 |
| 3. | 豊かな | 8. | 誰も |
| 4. | 物質的環境 | 9. | 把握する |
| 5. | 社会 | 10. | くらい　lit. rank, degree, extent |

② 秋は、待ちに待った実りの秋、収穫の秋です。農家では、稲刈りをします。収穫
のあと、村では、収穫を祝い、神様に感謝して、村祭りをします。
　└ an abbreviation of 祝って

| | | | |
|---|---|---|---|
| 1. | 待ちに待った | 6. | 村 |
| 2. | 実りの秋 | 7. | 祝う |
| 3. | 収穫の秋 | 8. | 神様 |
| 4. | 農家 | 9. | 感謝する |
| 5. | 稲刈り | 10. | 村祭り |

③ 日本の農村では、このようなサイクルの暮らしが何百年あるいは千年以上も<u>続いてきました</u>。

※ Study Grammar Notes 3（〜てくる）on p.163 to understand the underlined part.

| | | | |
|---|---|---|---|
| 1. | 農村 | 4. | 千年以上 |
| 2. | 暮らし | 5. | 続く |
| 3. | 何百年 | | |

32

④ 昔の農村社会では、働くことと暮らすことは一体でした。また、学ぶことも、暮らしの中に**組み込まれていました**。子どもたちは、年長の子どもや大人たちがしていることを見て、それを学びました。

| | | | |
|---|---|---|---|
| 1. | 昔 の | 6. | 学ぶこと |
| 2. | 農村 | 7. | 暮らし |
| 3. | 働くこと | 8. | 組み込む |
| 4. | 暮らすこと | 9. | 年長の子ども ⇔ 年少の子ども |
| 5. | 一体 | 10. | 大人たち |

## Key Words

1. わたしたちは、（　こう　ど　）に（　はっ　てん　）した（　ゆた　）かな（　ぶっ　しつ　てき　）（　かん　きょう　）で生きています。

2. 秋は、（　みの　）りの秋、（　しゅう　かく　）の秋です。（　のう　か　）では、（　いね　か　）りをします。

3. （　むら　）では、（　しゅう　かく　）を祝い、（　かみ　さま　）に（　かん　しゃ　）して、（　むら　まつ　）りをします。

4. （　まな　）ぶことは、（　く　）らしの中に（　く　）み（　こ　）まれていました。

## Part 2

# 農村社会
のうそんしゃかい

no.09

今、①わたしたちは、高度に発展した豊かな物質的環境で生きています。社会も高度に複雑化し、その全体像は誰も把握できないくらいです。このような状況は、人類の歴史では普通のことではなく、ごく最近になって生じた状況です。

例えば、日本の例で言うと、1950年には、働いている人の45%は農業をしていました。つまり、日本人の半分くらいは農村で暮らしていました。

日本の農村の暮らしはどのようなものでしょうか。日本の主食は米です。昔から農業の中心は米でしたし、今もそうです。農村では、春になると、田起こしをして、田に水を入れて、水田を作ります。そして、梅雨の頃に、田植えをします。夏に、稲はすくすく育ちます。②秋は、待ちに待った実りの秋、収穫の秋です。農家では、稲刈りをします。収穫のあと、村では、収穫を祝い、神様に感謝して、村祭りをします。

③日本の農村では、このようなサイクルの暮らしが何百年あるいは千年以上も続いてきました。そして、たくさんの人たちがこのようなサイクルの中で、生まれて、育って、結婚して、子どもを育てて、そして、死んでいきました。このような農村生活の状況は、世界の他の国でもだいたい同じです。

④昔の農村社会では、働くことと暮らすことは一体でした。また、学ぶことも、暮らしの中に組み込まれていました。農村社会では、一人前になるために学校に行く必要はありませんでした。

④子どもたちは、年長の子どもや大人たちがしていることを見て、それを学べばいいのです。漁村でも同じですし、牧畜社会でも同じです。

34

## Classroom Activities

1. 1950 年頃、日本の人口の中で、農村人口の割合はどれくらいでしたか。

   _____

2. 米の作り方の 4 つのステップを、短く説明してください。

   ステップ 1 ： _____

   ステップ 2 ： _____

   ステップ 3 ： 稲はすくすく育つ。_____

   ステップ 4 ： _____

3. 収穫のあと、村では何をしますか。

   _____

4. 次のパッセージは、このレクチャーのまとめです。パッセージを完成してください。

   昔の農村社会では、_____一体でした。

   また、学ぶことも、_____ていました。子どもた

   ちは、_____がしていることを見て、それを学べばよかっ

   たです。このような状況は、_____でも、_____でも、同じです。

5. ディスカッション

   あなたの国の農村生活はどんな生活ですか？

6. エッセイ

   上のテーマでエッセイを書いてください。

35

## Part 2

## Worksheet 2

（　　）の中に漢字を書いてください。そして、下線部に適当な言葉を入れてください。

**1.** わたしたちは、高度に発展した豊かな物質的環境で生きています。社会も（　こう　ど　）に複雑化し、その（　ぜん　たい　）像は誰も把握できない＿＿＿＿＿＿です。このような状況は、（　じん　るい　）の（　れき　し　）では（　ふ　つう　）のことではなく、ごく（　さい　きん　）になって生じた（　じょう　きょう　）です。

**2.** 1950 年には、働いている人の 45% は農業をしていました。＿＿＿＿＿＿、日本人の半分くらいは農村で暮らしていました。

**3.** 日本の（　しゅ　しょく　）は米です。昔から（　のう　ぎょう　）の（　ちゅう　しん　）は（　こめ　）でしたし、今もそうです。（　のう　そん　）では、春になると、（　た　お　）こしをして、田に水を入れて、（　すい　でん　）を作ります。そして、（　つ　ゆ　）の頃に、（　た　う　）えをします。夏に、（　いね　）はすくすく育ちます。

**4.** 収穫のあと、村では、（　しゅう　かく　）を祝い、神様に（　かん　しゃ　）して、（　むら　まつ　）りをします。

**5.** 日本の農村では、このようなサイクルの暮らしが何百年あるいは千年以上も続い＿＿＿＿＿＿＿。そして、たくさんの人たちがこのようなサイクルの中で、生まれて、育って、結婚して、子どもを（　そだ　）てて、そして、死ん＿＿＿＿＿＿＿。

**6.** （　のう　そん　）社会では、（　いち　にん　まえ　）になる＿＿＿＿＿＿学校に行く必要はありませんでした。子どもたちは、（　ねん　ちょう　）の子どもや（　おとな　）たちがしていることを見て、それを学べ＿＿＿＿＿＿のです。学ぶことは、暮らしの中に組み込＿＿＿＿＿＿＿。

36

# Grammar Summary to Unit 1 – Unit 3

## A. Grammatical phrases

A grammatical phrase consists of elements that have particular grammatical meaning in constructing a sentence. Therefore, it requires particular attention.

### 1 ～によって① : by ～ , because of ～

～によって is a derivation of よる which means "originates from" (～によって①) or "depending on" (～によって②).

#### a. 原因と結果 (cause and consequence)

(1) 農耕と牧畜の発展によって、生活様式が大きく変わりました。(Unit 2)

(2) パソコンの普及 (difusion) によって、わたしたちの仕事は大きく変わりました。そして、スマートフォン (smartphone) の普及によって、わたしたちの生活も大きく変わりました。

(3) 台風 (typhoon) によって、各地 (many places) で大きな被害 (damage) が出ました。

#### b. 発見 (discovery), 発明 (invention), etc.

(1) 重力 (gravity) は、イギリスのアイザック・ニュートンによって発見されました。

(2) 電球 (light bulb) は、エジソンによって発明されました。

(3) 電話は、グラハム・ベルによって発明されました。

(4) アメリカは、コロンブスによって発見されました。

(5) X線 (X-ray) は、ドイツのヴィルヘルム・レントゲンによって発見されました。

(6) 大阪城 (Osaka castle) は、豊臣秀吉によって建てられました。

### 2 ～によって② : depending on ～

(1) 人間の生活は、場所によってさまざまです。(Unit 2)

(2) 国によって文化や習慣が違います。

(3) 日本語の教え方は、先生によって、ぜんぜん違います。

(4) スマートフォンの料金 (smartphone rate) は会社によって違います。安い会社もありますし、高い会社もあります。

37

(5) 好きな食べ物は、人によって、違います。肉が好きな人もいますし、魚が好きな人もいますし、野菜が好きな人もいます。

## ③ 〜によると：according to 〜

よる in 〜によると means "depend on" or "rely on". Consequently 〜によると means "according to 〜".

(1) マルクスによると、人間は、独自の生産・生活様式を作る動物です。(Unit 2)

(2) 天気予報 (weather forecast) によると、あしたは午後から雨になるそうです。

(3) 法務省 (Ministry of Justice) の調査 (survey) によると、日本に住む外国人は、2017 年末 (as of the end of 2017) 現在、約 256 万人になっています。

(4) ある会社の調査によると、英語を勉強したい人がますます増えています。

## ④ 〜のために：for the sake of 〜

(1) マルクスによると、人間は、自分の手で自分のために文化と歴史を創造する動物です。
(Unit 2)

(2) わたしは会社のために働いているのではありません。社会のために、人々のために、働いているのです。

(3) わたしの仕事はとてもきつい (hard) です。でも、家族のために一生懸命働いています。

(4) 健康 (health) のために、週に 1 回、ヨガ (yoga) に行っています。

## ⑤ Question word + particle + 〜ればいいか：what to 〜, where to 〜, who to 〜, etc.

(1) 原始の時代には言葉はありませんでした。人間は「ウー、オー」と言いながらコミュニケーションをしていました。しかし、「ウー、オー」では、何をすればいいか分かりません。(Unit 1)

(2) はじめて一人で生活し始めたときは、何も分かりませんでした。生活のために、何を買えばいいか、分かりませんでした。どこで買えばいいかも、分かりませんでした。何をすればいいかも、分かりませんでした。本当に困りました。

(3) 仕事では、何をすればいいか (を) 自分で考えなければなりません。誰も、何をすればいいか (を) 教えてくれません。

## B. Subordinate clause structures

A subordinate clause structure is a subordinate element in a sentence with particular grammatical relations to the main clause.

### 1　〜ば

As you learned in elementary Japanese class, 〜たら, 〜と and 〜ば are grammatical elements that form conditional clause as you understand the following sentences.

(a) 春になっ**たら**、あたたかくなります。

(b) 春になる**と**、あたたかくなります。

(c) 春になれ**ば**、あたたかくなります。

The difference among these three conditionals are subtle and very difficult to understand. Therefore, please understand them in the following way for the moment.

(a) 〜たら is the most broadly applicable conditional expression. 〜たら is also used to mean "when 〜".

  1.　冬が終わっ**たら**、あたたかくなります。

  2.　冬は、5時になっ**たら**、もう暗いです。

  3.　いつも、宿題が終わっ**たら**、すぐに寝ます。

(b) 〜と usually expresses natural or physiological cause and consequence relations between phenomena or events.

  4.　春になる**と**、いろいろな花がさきます。

  5.　わたしは、お酒を飲む**と**、赤くなります。

(c) 〜ば is conditional expression per se. Therefore, when 〜ば is used, the condition is clearly stated.

  6.　今行け**ば**、9時の電車に乗れます。

  7.　1人ではイノシシを捕まえることはできません。でも、集団で協力すれ**ば**、捕まえることができます。(Unit 1)

### 2　〜とともに：together with 〜 , as 〜 progresses

(1) 活動の複雑化**とともに**、言葉ももっと洗練されました。(Unit 1)

(2) 社会の変化**とともに**、人間も変化しました。(Unit 5)

(3) 年齢 (aging) **とともに**、体は少しずつ弱くなっていきます。

(4) 子どもの成長 (growth) **とともに**、家族の生活スタイル (style) も変わっていきます。

(5) 台風の接近 (approach) **とともに**、雨も風も強くなりました。

# 発音① | フラット (flat pattern) とヘッドアップ (head-up pattern)

Practice saying the following words or phrases paying particular attention to the intonation patterns.

1. 🔊 no.10

(1) にんげんと　どうぶつの　ちがいは　なんでしょう。
　　人間と　　　動物の　　　違いは　　何でしょう。

(2) にんげんは　しゅりょうと　さいしゅうの　せいかつを　していました。
　　人間は　　　狩猟と　　　　採集の　　　　生活を　　　していました。

(3) やがて　のうこうと　ぼくちくが　はじまりました。
　　やがて　農耕と　　　牧畜が　　　始まりました。

(4) むかしは　いちにんまえに　なるために、がっこうに　いく　ひつようは
　　昔は　　　一人前に　　　　なるために、学校に　　　行く　必要は

ありませんでした。
ありませんでした。

2. 〜的　🔊 no.11

(1) ぶんか　　　れきし　　　しゃかい

　　ぶんかてきな　れきしてきな　しゃかいてきな
　　文化的な　　　歴史的な　　　社会的な

(2) ぶっしつ　　　せいしん

　　ぶっしつてきな　せいしんてきな
　　物質的な　　　　精神的な
　　　　　　　　　　spiritual, mental

(3) にほん　　　せいよう

　　にほんてきな　せいようてきな
　　日本的な　　　西洋的な
　　　　　　　　　western-style, westernized

40

# Unit 4 社会と生活①
しゃかい　せいかつ

### Part 1　Conversation

Conversation ①：マレーシアの歴史
れきし
**Theme** 町と歴史
まち

Conversation ②：わたしの家族と日本
かぞく
**Theme** 日本との縁
えん

### Part 2　Lecture

Lecture：子どもと学校

> 昔の村の子どもは、学校に行かなくてもよかったです。でも、今の
> むかし　むら
> 子どもは学校に行かなければなりません。そして、学校でいろいろな
> ことを勉強しなければなりません。人間は、いろいろなことを勉強し
> べんきょう　　　　　　　　　　　　にんげん
> て、人間になります。

➡ Grammar Summary to Unit 4–Unit 6　pp. 77-79.

➡ Grammar Notes　4. Causative Expressions　(p. 163)

# Part 1

## Conversation ① マレーシアの歴史

no.12

4月4日（土）午後　紅茶の店で②

中田：マレーシアに行ったら、マラッカとジョホールバルにも行こうと思っています。

リ　：ああ、ぜひ行ってください。特にマラッカは、世界遺産の町で、歴史的な建物や教会や公園などがたくさんあります。本当にすてきな町です。わたしも大好きです。ジョホールバルもすごくいいです。16世紀にできたイスラム教の王国が今もあって、王家は今も続いています。

中田：へえ、そうなんですか。マレーシアのことは、夏に行くまでに、もっと勉強しようと思っています。

中田：ところで、リさんのことを聞いてもいいですか。

リ　：ええ、いいですよ。

中田：リさんは、なぜ日本に留学しようと思ったんですか。

リ　：そうですね…。子どものときから、わたしのまわりには日本のものがたくさんありました。小学生のときは、よく日本のアニメを見ました。ドラえもんなどのマンガが好きでした。中学生のときは、ビデオで日本の映画やドラマをたくさん見ました。もちろん、英語の字幕付きですけど。うちには、日本のメーカーのものがたくさんありました。テレビ、ビデオ、エアコン、電子レンジ、冷蔵庫など、みんな日本製でした。父は日本製の車に乗っていました。そして、日本の会社とよく仕事をしていました。

中田：へえ。どんなお仕事ですか。

リ　：ビジネスのコンサルタントです。マレーシアにオフィスを作りたい日本の会社のお手伝いをしています。日本の会社にマレーシアの会社を紹介することもあります。

中田：へええ。

## Classroom Activities

**Unit 4**

**1** 口頭練習

なめらかに言えるまで練習してください。

**2** 質問と答え

ペアで質問と答えの練習をしてください。

Q1 マラッカは、どんな町ですか。

Q2 リさんは、中学生のとき、日本の映画やドラマをたくさん見ました。そのとき、リさんは、日本語ができましたか。

Q3 リさんのうちには、日本製のものがありましたか。

Q4 リさんのお父さんは、どんな仕事をしていますか。

**3** 先生の話 ― 東京と京都の歴史

先生が東京と京都の歴史について話します。よく聞いてください。

**4** わたしの話 ― 町と歴史

3、4人のグループで自分の町の歴史について話してください。

**5** エッセイ

上のテーマでエッセイを書いてください。

43

# Part 1

## わたしの家族と日本
### no.13

リ ： 父は、時々、仕事で日本に来ました。そして、帰ってくるときは、いつも日本のお土産を買ってきてくれました。それから、父も母も、おすしが好きで、よく家族でおすしを食べに行きました。そんな感じだったので、わたしにとって日本はとても身近でした。

中田： へええ。リさんは、前に、日本に来たことがありますか。

リ ： はい、中学生のときに、一度来ました。1週間ほどの旅行ですけど。

中田： どんな感じでしたか。

リ ： 街がきれいなのにおどろきました。ゴミがあまり落ちていないし、街も店もとてもきれいでした。クアラルンプールも大都市ですが、東京はクアラルンプールとはだいぶ違いました。

中田： ふーん。

リ ： 京都にも行きました。東京と京都はぜんぜん違う感じでした。京都は、古いお寺や神社がたくさんあって、日本の歴史を感じました。

中田： ぼくも、京都が大好きです。日本の歴史と伝統が残っている感じですね。

リ ： ああ、伝統と言えば、京都で懐石料理を食べました。すごくおいしかったです。

中田： ああ、いいですね。

リ ： 父も母も、日本が好きです。父は日本と日本人をリスペクトしています。「日本は立派な国です。そして、日本人は、親切で、礼儀正しくて、勤勉です」とよく言っていました。そんなことで、わたしは日本で勉強したいと思いました。

44

## Classroom Activities

1 **口頭練習**

　なめらかに言えるまで練習してください。


2 **質問と答え**

　ペアで質問と答えの練習をしてください。

　　Q1　リさんにとって、日本は「遠い国」でしたか。

　　Q2　中学生のときに日本に来て、リさんは何におどろきましたか。

　　Q3　リさんは、京都にも行きましたか。

　　Q4　京都は、どうでしたか。

　　Q5　リさんは、京都で特別な料理を食べましたか。

　　Q6　リさんのご両親は、日本が好きですか。


3 **先生の話 ─ 東京や京都との縁**

　先生が自分と東京や京都との縁について話します。よく聞いてください。


4 **わたしの話 ─ 日本との縁**

　3、4人のグループで自分と日本との縁について話してください。


5 **エッセイ**

　上のテーマでエッセイを書いてください。

# Part 1

## Worksheet 1

（　）の中に漢字を書いてください。そして、<u>下線部</u>に適当な言葉を入れてください。

1. 中田くんは、マラッカとジョホールバルにも行_____。

2. マラッカは、（　せかい　）遺産の町で、（　れきし　）的な（　たてもの　）や教会や（　こうえん　）などがたくさんあります。とてもすてきな（　まち　）です。

3. ジョホールバルには、16（　せいき　）にできたイスラム教の（　おうこく　）が今もあります。そして、（　おうけ　）は、今も（　つづ　）いています。

4. リさんは、中学生のときは、ビデオで日本の（　えいが　）やドラマをたくさん見ました。リさんのうちには、日本製のテレビやビデオやエアコンや（　でんし　）レンジや（　れいぞうこ　）などがありました。お父さんは、（　にほんせい　）の車に（　の　）っていました。

5. リさんのお父さんは、時々、仕事で日本に来ました。そして、帰ってくるときは、いつも日本のお土産を買＿＿＿＿＿＿＿＿＿＿＿＿＿＿。そして、お父さんもお母さんも、おすしが好きで、よく家族で食べに行きました。そんな＿＿＿＿＿＿＿＿ので、わたし＿＿＿＿＿＿日本はとても身近でした。

6. リさんは、中学生のときに、（　　　）日本に来ました。1（　　　）ほどの（　　　）でした。リさんは、街がきれいな＿＿＿おどろきました。ゴミがあまり（　　）ちていませんでした。
   いちど　しゅうかん　りょこう　お

7. 京都には、古いお寺や（　　　）がたくさんあります。日本の（　　　）と（　　　）が（　　　）っています。
   じんじゃ　れきし　でんとう　のこ

8. 「日本人は、（　　　）で、（　　　）（　　　）しくて、（　　　）です」と、リさんのお父さんは言っていました。
   しんせつ　れいぎ　ただ　きんべん

# Part 2

## Key Sentences and Key Words

### Key Sentences

Study the following sentences while refering to the 「漢字と言葉」 booklet. And practice reading each sentence aloud.

① 昔は、小学校入学までは、勉強らしい勉強はしませんでした。しかし、最近では、小学校に入る前から、本を読んで聞かせたり、ひらがなやカタカナの練習をさせたりします。

※ Study Grammar Notes 4（Causative Expressions）on p.163 to understand the underlined part.

| | | | |
|---|---|---|---|
| 1. | 昔<br>むかし | 3. | 最近<br>さいきん |
| 2. | 入学（する）⇔ 卒業（する）<br>にゅうがく　　　　　そつぎょう<br>cf. 入院（する）⇔ 退院（する）<br>にゅういん　　　　　たいいん | 4. | 練習<br>れんしゅう |

② 学校は、子どもに社会人として必要な基礎的な知識と技能を学ばせるところです。逆に言うと、現代の社会では12年間あるいは16年間勉強しないと、一人前になれません。

| | | | |
|---|---|---|---|
| 1. | 社会人として必要な基礎的な知識と技能<br>しゃかいじん　　　ひつよう　きそてき　ちしき　ぎのう | 4. | 現代<br>げんだい |
| 2. | 学ぶ<br>まな | 5. | 社会<br>しゃかい |
| 3. | 逆<br>ぎゃく | 6. | 一人前<br>いちにんまえ |

③ 近代化の過程で、学校教育は重要な役割を果たしました。近代的な産業を担う人材を育成することです。

| | | | |
|---|---|---|---|
| 1. | 近代化<br>きんだいか | 4. | 重要な役割を果たす<br>じゅうよう　やくわり　は |
| 2. | 過程<br>かてい | 5. | 近代的な産業を担う人材<br>きんだいてき　さんぎょう　にな　じんざい |
| 3. | 学校教育<br>がっこうきょういく | 6. | 人材を育成する<br>じんざい　いくせい |

48

④ 現代の人間の重要な部分は、学校教育を通して作られます。
*an important part of a modern individual* 　　　　　　　　　*through ～*

| 1. 現代の人間 | 3. ～を通して |
|---|---|
| 2. 重要な部分 | |

---

**Grammar Bits 3** いろいろな「作る」

1. 朝ごはんを作ります
2. カレーを作ります
3. サンドイッチを作ります
4. 自動車を作ります
5. 新しい言葉を作ります
6. いい関係を作ります
7. 友だちを作ります

---

**Key Words**

1. 最近では、小学校に入る前から、本を（　よ　）んで（　き　）かせたり、ひらがなやカタカナの（　れんしゅう　）をさせたりします。

2. 子どもたちは、学校で、（　しゃかいじん　）として（　ひつよう　）な（　きそてき　）な（　ちしき　）と（　ぎのう　）を学びます。

3. （　きんだいか　）の過程で、学校教育は（　じゅうよう　）な（　やくわり　）を果たしました。

4. 学校は、（　さんぎょう　）を（　にな　）う（　じんざい　）を育成します。

# Part 2

 Lecture  子どもと学校  🔊 no.14

現代社会の中の子どもと学校について考えてみましょう。

日本では、子どもたちは6歳で小学校に入ります。①昔は、小学校入学までは、勉強らしい勉強はしませんでした。小さい子どもたちは、男の子も女の子も、のびのびと遊んでいました。しかし、最近では、小学校に入る前から、本を読んで聞かせたり、ひらがなやカタカナの練習をさせたりするのも普通です。小学校入学前から漢字や算数の勉強をさせることもあります。最近は、英語を勉強させる親も多いです。そして、小学校の6年間と中学校の3年間、すべての子どもは学校に行きます。この9年間は、義務教育です。そして、95パーセント以上の子どもは高校に進学して、いろいろな科目を勉強します。さらに、高校卒業者の50パーセント以上は大学に進学します。

現代の社会において、②学校は、子どもに社会人として必要な基礎的な知識と技能を学ばせるところとなっています。逆に言うと、現代の社会では12年間あるいは16年間勉強しないと、一人前になれないわけです。

③近代化の過程で、学校教育は重要な役割を果たしました。近代的な産業を担う人材を育成することです。そして、すでに近代化した社会では、子どもたちはさまざまな産業を担う人材として、また産業のフロンティアを開拓する人材として、教育を受けます。④現代の人間の重要な部分は、学校教育を通して作られると言ってもいいでしょう。

## Classroom Activities

1 日本の学校制度と進学率を図式的に説明してください。
　　　　　　　　 *school system*　　　*rate*　*diagrammatically*

小学校　　―　　＿＿＿＿ 年間　　＿＿＿＿ 歳から

　⇓

中学校　　―　　＿＿＿＿ 年間

　⇓ ＿＿＿＿ パーセント以上

高　校　　―　　＿＿＿＿ 年間

　⇓ ＿＿＿＿ パーセント以上

大　学　　―　　＿＿＿＿ 年間

2 このレクチャーによると、子どもは学校で何をしなければなりませんか。

＿＿＿＿＿＿＿＿＿＿＿＿＿＿＿＿＿＿＿＿＿＿＿＿＿＿＿＿＿＿＿＿＿＿

3 近代化の過程で学校教育はどのような役割を果たしましたか。

＿＿＿＿＿＿＿＿＿＿＿＿＿＿＿＿＿＿＿＿＿＿＿＿＿＿＿＿＿＿＿＿＿＿

4 近代化した社会で、学校教育はどのような役割を果たしていますか。2つ答えてください。

(1) ＿＿＿＿＿＿＿＿＿＿＿＿＿＿＿＿＿＿＿＿＿＿＿＿＿＿＿＿＿＿＿

(2) ＿＿＿＿＿＿＿＿＿＿＿＿＿＿＿＿＿＿＿＿＿＿＿＿＿＿＿＿＿＿＿

5 ディスカッション

あなたの国の子どもたちは、小学校入学前と小学校や中学校のとき、どんな生活をしていますか？

6 エッセイ

上のテーマでエッセイを書いてください。

# Part 2

## Worksheet 2

（　　）の中に漢字を書いてください。そして、<u>下線部</u>に適当な言葉を入れてください。

1. 最近では、小学校に入る前から、本を読んで聞かせたり、ひらがなやカタカナの練習を_____たりします。小学校入学前から（　漢字　）や（　算数　）の勉強をさせることもあります。最近は、英語を勉強_____親も多いです。

2. 小学校と中学校の9年間は、（　義務　）（　教育　）です。

3. 高校（　卒業　）者の50パーセント以上は大学に（　進学　）します。

4. 学校は、子どもに社会人_____必要な基礎的な知識と技能を学_____ところです。_____、現代の社会では12年間あるいは16年間勉強しないと、一人前になれない_____。

5. 近代化の過程で、学校教育は（　重要　）な（　役割　）を（　果　）たしました。（　近代　）的な産業を担う（　人材　）を（　育成　）することです。

6. 現代の人間の重要な（　部分　）は、学校教育_____作られます。

# Unit 5 社会と生活②

### Part 1 Conversation

Conversation ①：国を出るとき
　　Theme　助けてもらった経験

Conversation ②：子どもの頃の思い出
　　Theme　子どもの頃の思い出

### Part 2 Lecture

Lecture：社会の変化とわたしたちの生き方

> 100年か200年の間に、社会は大きく変わりました。人間も、大きく変わりました。現代社会は、安全でとても便利な社会です。しかし、大人は会社に行って、子どもは学校に行きます。家族でいっしょに過ごす時間が少なくなっています。

→ Grammar Summary to Unit 4–Unit 6　pp. 77-79.

# Part 1

## 国を出るとき
くに で

no.15

4月4日（土）午後　紅茶の店で③
こうちゃ

中田：日本に来る前は、たいへんだったでしょう。

リ　：はい。でも、国を出るときは、家族はみんな、よく助けて
　　　　　　　　　　　　　　　かぞく　　　　　　　たす
くれました。兄は、大使館にいっしょに行ってくれました。
　　　　　　あに　たいしかん
妹は、買い物を手伝ってくれました。姉は、荷物のパッキ
いもうと　か もの てつだ　　　　　　　あね　にもつ
ングを手伝ってくれました。弟は、部屋のそうじをしてく
　　　　　　　　　　　　　おとうと　へや
れました。

いろいろなプレゼントも、もらいました。父は、時計をくれ
　　　　　　　　　　　　　　　　　　　　　　　とけい
ました。母は、スカーフをくれました。兄と姉は、バッグを
くれました。そして、妹と弟は、セーターをくれました。ど
れも、とてもすてきでした。とてもうれしかったです。そし
て、親戚のおじさんは、おこづかいをくれました。
　　しんせき

出発の日は、家族みんなで、空港まで送ってくれました。兄
しゅっぱつ ひ　　　　　　　　くうこう　　おく
と弟は、チェックイン・カウンターまで、スーツケースを運
　　　　　　　　　　　　　　　　　　　　　　　　　　はこ
んでくれました。妹は、写真をとってくれました。友だちもたくさん空港に来て
　　　　　　　　　しゃしん
くれました。家族とたくさんの友だちが見送ってくれたので、
　　　　　　　　　　　　　　　　　みおく
とてもうれしかったです。

中田：ああ、それはよかったですね。

リ　：はい。でも、みんなと別れるときは、本当に悲しかったです。
　　　　　　　　　　　　わか　　　　　ほんとう かな

中田：ああ、そうですね。

# Classroom Activities

**Unit 5**

**1 口頭練習**

なめらかに言えるまで練習してください。

**2 質問と答え**

ペアで質問と答えの練習をしてください。

Q1 リさんが国を出るとき、お兄さんは何をしてくれましたか。

Q2 妹さんは？

Q3 お姉さんは？

Q4 弟さんは？

Q5 リさんは、いろいろなプレゼントをもらいました。親戚のおじさんから何をもらいま

　　したか。

Q6 出発の日の空港で、妹さんは何をしてくれましたか。

Q7 友だちは空港に来てくれましたか。

**3 先生の話 — 助けてもらった経験**

先生が助けてもらった経験について話します。よく聞いてください。

**4 わたしの話 — 助けてもらった経験**

3、4人のグループで助けてもらった経験について話してください。

**5 エッセイ**

上のテーマでエッセイを書いてください。

55

# Part 1

## Conversation ② 子どもの頃(ころ)の思い出(おもで)

🔊 no.16

中田：リさんは、子どものとき、どんなことをしましたか。

リ　：子どものときは、父と母は、いろいろなところに連(つ)れて行(い)っ
　　　てくれました。家族(かぞく)で、動物園(どうぶつえん)に行きました。水族館(すいぞくかん)にも行
　　　きました。わたしはオランウータンが大好きです。オランウー
　　　タンはとてもかわいいです。そして、やさしいです。博物館(はくぶつかん)
　　　や美術館(びじゅつかん)にも行きました。バタフライ・パークにも行きまし
　　　た。兄(あに)は、チョウが好きでした。チョウをとって、標本(ひょうほん)を
　　　作(つく)っていました。マレーシアにはきれいなチョウがたくさん
　　　います。兄と父とわたしは、よくチョウをとりに行きました。
　　　シンガポールにも連れて行ってくれました。シンガポールは
　　　とても近代的(きんだいてき)な町(まち)でした。

中田：そうですね。シンガポールは、マリーナ地区(ちく)が開発(かいはつ)されて、ますます発展(はってん)していま
　　　すね。

リ　：はい。さっきも言いましたが、中学生(ちゅうがくせい)のときは、家族でキナバル山(さん)に行きました。
　　　最初(さいしょ)は、森(もり)の中を歩(ある)きました。森の中で、オランウータンにも会えました。とて
　　　も、かわいかったです。

中田：へえー。

リ　：それから、ロッジで一泊(いっぱく)して、次(つぎ)の日(ひ)は、岩(いわ)の道を歩きました。最後(さいご)は、ロープを
　　　使(つか)って登(のぼ)りました。ロッジから頂上(ちょうじょう)まで、たしか、4時間(じかん)くらいだったと思(おも)いま
　　　す。

中田：ああ、それなら、ぼくでも、行けそうですね。

リ　：はい、ぜんぜんだいじょうぶです。ああ、もうこんな時間(じかん)…。
　　　今日(きょう)は、そろそろ。

56

# Classroom Activities

**Unit 5**

**Part 1**

**1** 口頭練習

なめらかに言えるまで練習してください。

**2** 質問と答え

ペアで質問と答えの練習をしてください。

Q1　子どものとき、りさんは、家族で、どんなところに行きましたか。

Q2　りさんは、何が好きですか。

Q3　りさんのお兄さんは、何が好きですか。

Q4　子どものとき、りさんはシンガポールに行きましたか。

Q5　シンガポールは、どんな町でしたか。

Q6　りさんは、いつキナバル山に行きましたか。

Q7　キナバル山のロッジから頂上まで、何時間くらいですか。

Q8　りさんは、オランウータンに会えましたか。

**3** 先生の話 ― 子どもの頃の思い出

memories

先生が子どもの頃の思い出について話します。よく聞いてください。

**4** わたしの話 ― 子どもの頃の思い出

3、4人のグループで子どもの頃の思い出について話してください。

**5** エッセイ

上のテーマでエッセイを書いてください。

**Part 2**

57

# Part 1

## Worksheet 1

（　）の中に漢字を書いてください。そして、<u>下線部</u>に適当な言葉を入れてください。

1. 国を出るとき、リさんは家族にいろいろ助けてもらいました。お兄さんは、（　たいしかん　）にいっしょに行ってくれました。妹さんは、買い物を手伝ってくれました。お姉さんは、荷物のパッキングを手伝って＿＿＿＿＿ました。弟さんは、（　へや　）のそうじをして＿＿＿＿＿ました。

2. そして、リさんは、いろいろなプレゼントをもらいました。お父さんは、（　とけい　）をくれました。お母さんは、スカーフを＿＿＿＿＿＿＿。お兄さんとお姉さんは、バッグをくれました。妹さんと弟さんは、セーターを＿＿＿＿＿＿＿。＿＿＿＿＿、とてもすてきでした。

3. （　しゅっぱつ　）の日は、家族みんなで、空港まで送ってくれました。お兄さんと弟さんは、スーツケースを運んで＿＿＿＿ました。友だちもたくさん（　くうこう　）に来てくれました。家族とたくさんの友だちが見送って＿＿＿＿＿ので、リさんはうれしかったです。でも、みんなと（　わか　）れるときは、（　かな　）しかったです。

4. 子どものとき、リさんは、よく家族で、（　どうぶつえん　）や（　すいぞくかん　）などに行きました。（　はくぶつかん　）や（　びじゅつかん　）にも行きました。

5. シンガポールは、マリーナ地区が（　かいはつ　）されて、ますます（　はってん　）しています。

6. リさんは、キナバル山の（　もり　）の中でオランウータンに（　あ　）いました。

7. 最初は、森の中を歩きました。それから、ロッジで（　いっぱく　）しました。（　つぎ　）の日は、岩の（　みち　）を（　ある　）きました。最後は、ロープを（　つか　）って登りました。ロッジから頂上まで、4（　じかん　）くらいでした。

# Part 2

## Key Sentences and Key Words

**Key Sentences**

Study the following sentences while refering to the 「漢字と言葉」 booklet. And practice reading each sentence aloud.

① 社会の大きな歴史的変化を、<u>農耕・牧畜社会から工業社会へ、そして工業社会から脱工業社会へという</u>3つの段階 (b) で捉えることがあります (a)。

※ (b) is embedded within (a).

(a) 社会の大きな歴史的変化を、3つの段階で捉えることがあります。

(Specialists) sometimes grasp the broader historical changes of the society in three stages .

(b) <u>農耕・牧畜社会から工業社会へ、そして工業社会から脱工業社会へという</u>3つの段階

three stages , i.e. from agriculture and livestock farming society to industrial society, and from industrial society to post-industrial society

| | | | |
|---|---|---|---|
| 1. | 社会<br>しゃかい | 5. | 脱工業社会<br>だつこうぎょうしゃかい |
| 2. | 歴史的変化<br>れきしてきへんか | 6. | 段階<br>だんかい |
| 3. | 農耕・牧畜社会<br>のうこう ぼくちくしゃかい | 7. | 捉える<br>とら |
| 4. | 工業社会<br>こうぎょうしゃかい | | |

② 脱工業社会とは、<u>情報・知識・サービスなどの第三次産業が産業の中心となった</u>社会です。

information, knowledge, services　　　　　　　tertiary industry　　　　　center

| | | | |
|---|---|---|---|
| 1. | 情報<br>じょうほう | 3. | 第三次産業<br>だいさんじさんぎょう |
| 2. | 知識<br>ちしき | 4. | 中心<br>ちゅうしん |

③ わたしたちは過去 100 年あるいは 200 年ぐらいの短い間に、<u>伝統社会から工業社会へ、そして工業社会から脱工業社会へという</u>2つの大きな社会変化 (b) を経験しました (a)。

※ (b) is embedded within (a).

(a) わたしたちは過去 100 年あるいは 200 年ぐらいの短い間に、2つの大きな社会変化を経験しました。

We have gone through two big social changes in the past hundred or two hundred years.

60

(b) 伝統社会から工業社会へ、そして工業社会から脱工業社会へという 2つの大きな社会変化

two big social changes , i.e. a change from traditional society to industrial society, and another change from industrial society to post-industrial society

| | |
|---|---|
| 1. 過去〜年の間に<br>かこ ねん あいだ | 3. 伝統社会<br>でんとうしゃかい |
| 2. 短い間に<br>みじか あいだ | 4. 社会変化<br>しゃかいへんか |

④ そのような社会の変化とともに、人間も変化することが求められてきました。
もと

*as the social change progresses*     *we humans have been required to change*     GN1 (passive), dic. 求める (require) / GN3 (past to present)

| | |
|---|---|
| 1. 社会の変化とともに<br>しゃかい へんか | 2. 人間<br>にんげん |

⑤ 学校では、一人ひとりの子どもの興味や関心に関係なく、一定のメニューの授
ひとり
業が行われます。
ぎょう

*each*    *interest, concern*    *regardless of 〜*    *fixed*    *menu*     GN1 (passive), dic. 行う (do, carry out)

| | |
|---|---|
| 1. 興味<br>きょうみ | 4. 一定のメニュー<br>いってい |
| 2. 関心<br>かんしん | 5. 行う<br>おこな |
| 3. 〜に関係なく<br>かんけい | |

## Key Words

1. 社会の大きな（　　れきしてき　　）変化を、3つの（　だんかい　）で捉えます。

2. （　じょうほう　）・（　ちしき　）・サービスなどの第三次（　さんぎょう　）

3. わたしたちは、2つの大きな社会（　へんか　）を経験しました。

4. 現代社会は、（　あんぜん　）で（　ゆた　）かで（　かいてき　）な社会です。しかし、生活の（　いったいかん　）がありません。

5. 学校の授業は、一人ひとりの子どもの（　きょうみ　）や（　かんしん　）に関係なく行われます。

# Part 2

## Lecture 社会の変化とわたしたちの生き方

①社会の大きな歴史的変化を、農耕・牧畜社会から工業社会へ、そして工業社会から脱工業社会へという3つの段階で捉えることがあります。②脱工業社会とは、情報・知識・サービスなどの第三次産業が産業の中心となった社会です。③わたしたちは過去100年あるいは200年ぐらいの短い間に、伝統社会から工業社会へ、そして工業社会から脱工業社会へという2つの大きな社会変化を経験しました。伝統社会が何百年あるいは千年以上続いたことを考えると、これは驚異的(astonishing)なことです。そして、④そのような社会の変化とともに、人間も変化することが求められてきました。

伝統社会と比べると(compared to the traditional society)、現代社会(modern society)は、安全で豊かで(rich)快適な(comfortable)社会になっています。しかしながら、生活の一体感(sense of unity/integrity)がなくなりました。働く人は、毎日、スーツを着てネクタイをして、会社に行かなければなりません。そして、そこで、一日の大半(most of ~)の時間を「○○社の社員(○○company employee, staff)」として過ごします(spend)。子どもたちも毎日うちを出て、学校に行かなければなりません。そして、⑤学校では、一人ひとりの子どもの興味や関心に関係なく、一定のメニューの授業が行われます。また(also)、年齢別(age-group)の集団に分けられる(GN1 (passive), dic. 分ける (divide))ので、子どもたちは、年齢を超えて(beyond)いっしょに遊んだり、その中で学んだり(learn)することができません。

milatas/Shutterstock.com

このように、現代の社会では、家族でも一日の大部分(greater part of ~)の時間を別々の(separate)場所で別々のことをして過ごします。このような状況(situation)も、人間の長い歴史の中では、めずらしいことです。

# Classroom Activities

1 このレクチャーでは、社会の発展段階を3段階で説明しています。その3つの段階は何ですか。

　　　　第3段階：＿＿＿＿＿＿＿＿＿＿＿＿＿＿＿＿＿＿＿
　　　　　　　　　　　　⇧
　　　　第2段階：＿＿＿＿＿＿＿＿＿＿＿＿＿＿＿＿＿＿＿
　　　　　　　　　　　　⇧
　　　　第1段階：＿＿＿＿＿＿＿＿＿＿＿＿＿＿＿＿＿＿＿　＝　伝統社会

2 このレクチャーでは、現代社会のいい面とマイナスの面を言っています。それぞれ簡潔に答えてください。

　(1) いい面
　＿＿＿＿＿＿＿＿＿＿＿＿＿＿＿＿＿＿＿＿＿＿＿＿＿＿＿＿＿＿＿＿＿＿＿＿＿

　(2) マイナスの面
　＿＿＿＿＿＿＿＿＿＿＿＿＿＿＿＿＿＿＿＿＿＿＿＿＿＿＿＿＿＿＿＿＿＿＿＿＿

3 学校では、子どもたちは年齢別の集団に分けられます。だから、子どもたちは何ができませんか。

＿＿＿＿＿＿＿＿＿＿＿＿＿＿＿＿＿＿＿＿＿＿＿＿＿＿＿＿＿＿＿＿＿＿＿＿＿＿＿

4 ディスカッション

あなたは現代社会の生活が好きですか？　伝統社会の生活が好きですか？

5 エッセイ

上のテーマでエッセイを書いてください。

# Part 2

## Worksheet 2

（　）の中に漢字を書いてください。そして、<u>下線部</u>に適当な言葉を入れてください。

1. わたしたちは過去100年あるいは200年ぐらいの短い間に、伝統社会から工業社会へ、そして（　　　）社会か（こう　ぎょう）ら脱工業社会へという2つの大きな社会（　　　）を（へん　か）（　　　）しました。伝統社会が（　　　）年ある（けい　けん）（なん　びゃく）いは千年以上（　）いたことを考えると、これは驚異（つづ）的なことです。

2. 社会の変化＿＿＿＿＿＿、人間も変化することが求め＿＿＿＿＿＿ました。

3. 伝統社会と比べると、現代社会は、（　　　）で（　　）かで（　　　）な（あん　ぜん）（ゆた）（かい　てき）社会です。しかしながら、生活の（　　　　）がなくなりました。（いっ　たい　かん）

4. 働く人は、会社に行って、一日の（　　　）の時間を（たい　はん）「○○社の社員」＿＿＿＿＿過ごします。

5. 学校では、一人ひとりの子どもの興味や（　　　）＿＿＿＿＿＿、一定の（かん　しん）メニューの授業が行われます。

6. 年齢別の集団に分けられるので、子どもたちは、（　　　）を超えていっしょに（ねん　れい）（　）んだり、その中で（　）んだりすることができません。（あそ）（まな）

milatas/Shutterstock.com

# Unit 6 社会と生活③

## Part 1 Conversation

Conversation ①：たいへんな毎日
　　　　Theme　いそがしい毎日とたいへんな生活

Conversation ②：たいへんな手続き
　　　　Theme　めんどうな手続き・複雑な書類

## Part 2 Lecture

Lecture：仕事を始める

> 生きていくためには、お金が必要です。ですから、みんな働かなければなりません。そして、働くためには、会社に入らなければなりません。日本では、たいていの人は、学校を卒業してすぐに会社に入ります。

➡ Grammar Summary to Unit 4–Unit 6　pp. 77-79.

# Part 1

## Conversation 1 　　たいへんな毎日　　no.18

　　　　　　　　　　　　　　　　4月17日（金）午後　紅茶の店で①

Li-*san* and Nakata-*kun* meet again at the tea shop.

リ　：　遅くなってすみません。

中田：　いえいえ。リュック（rucksack, daypack）、重そうですね。

リ　：　いえ、だいじょうぶです。

中田：　こっちに置きましょうか。

リ　：　ああ、お願いします。（Nakata-*kun* picks up Li-*san*'s daypack and puts it on the chair.）

中田：　授業はどう？

リ　：　けっこう（fairly, quite）たいへんです。

中田：　へえ、そんなに日本語ができるのに？

リ　：　うーん、先生の話し方が速いので、時々、聞き取る（listen, catch）ことができません。それに（moreover）、日本史（Japanese history）や現代社会（modern society）などは、おもしろいのですが、日本人学生なら普通に知っていることを、わたしたち留学生はあまり知りません。ですから（so, therefore）、けっこう困っています。

中田：　ふーん。

リ　：　生活も、ちょっとたいへんです。一人の生活は、思ったよりもたいへんです。朝は、自分で起きて、朝ごはんを作らなければなりません。晩ごはんも、自分で作らなければなりません。そして、食材（foodstuff）や日用品（daily necessities）なども、買いに行かなければなりません。朝のパンや牛乳やヨーグルト（yogurt）なども、買わなければなりません。そうじや洗濯も、自分でしなければなりません。

中田：　うーん、そうですね。

# Classroom Activities

**1** **口頭練習**

なめらかに言えるまで練習してください。

**2** **質問と答え**

ペアで質問と答えの練習をしてください。

Q1 リさんは、授業のときの先生の話を全部聞き取ることができますか。

Q2 リさんは、日本史や現代社会の授業がきらいですか。

Q3 リさんの今の生活は、どうですか。

Q4 リさんは、自分で買い物をしなければなりません。他に何をしなければなりませんか。

**3** **先生の話 ― いそがしい毎日とたいへんな生活**

先生がいそがしい毎日とたいへんな生活について話します。よく聞いてください。

**4** **わたしの話 ― いそがしい毎日とたいへんな生活**

3、4人のグループでいそがしい毎日とたいへんな生活について話してください。

**5** **エッセイ**

上のテーマでエッセイを書いてください。

# Part 1

 たいへんな手続き　　🔊 no.19

リ ： 授業が始まるときも、たいへんでした。オリエンテーション(orientation)
　　　やガイダンス(guidance)などがたくさんありました。そして、いろいろ
　　　な手続き(procedures)をしなければなりませんでした。

中田： ああ、そうですね。1年生はオリエンテーションなどがたくさんありますね。

リ ： そうなんですよ。それに(moreover)、授業登録(course registration)も、たいへんでした。カリキュラム(curriculum)も
　　　理解(understand)しなければならないし、シラバス(syllabus)も読まなければなりません。

中田： そうですね。情報(information)が多すぎて(too much)、何が何だか分かりませんね。(I don't know what's what.)

リ ： ああ、日本人でも、そうですか。

中田： そうですよ。オリエンテーションなどでは、当たり前(obvious)のことも、重要(important)なことも、
　　　いっしょに言いますから、何が重要なのか(what is important)分かりません。

リ ： そうですよね。わたしは、全部しっかり理解しようと思って(GN5 (volitional))
　　　いたので、本当につかれました。

中田： ああ、それはそうでしょうね。

リ ： カリキュラムも、なかなか分かりませんでした。

中田： ああ、カリキュラムは、分かるまでは、ちょっと複雑ですね。

リ ： そうなんですよ。それで(so)、友だちに聞いたり、寮(dormitory)の先輩に聞いたりして、何とか(in some way, somehow)
　　　分かりました。

中田： ああ、それならよかった。

# Classroom Activities

**1 口頭練習**

なめらかに言えるまで練習してください。

**2 質問と答え**

ペアで質問と答えの練習をしてください。

Q1 授業が始まるとき、リさんは、何がたいへんでしたか。３つ答えてください。

Q2 なぜ、いろいろなことがたいへんになりますか。２つ答えてください。

Q3 オリエンテーションのとき、なぜリさんはつかれましたか。

Q4 カリキュラムが理解できなかったリさんは、どうしましたか。

**3 先生の話 ― めんどうな手続き・複雑な書類**
troublesome　　　　　　　　　　　　　　　　documents, paperwork

先生がめんどうな手続きや複雑な書類について話します。よく聞いてください。

**4 わたしの話 ― めんどうな手続き・複雑な書類**

３、４人のグループでめんどうな手続きや複雑な書類について話してください。

**5 エッセイ**

上のテーマでエッセイを書いてください。

69

# Part 1

## Worksheet 1

（　）の中に漢字を書いてください。そして、下線部に適当な言葉を入れてください。

1. 先生の話し方が速いので、リさんは、時々、（　）き（　）ることができません。
   き　　と

2. 日本史や（　　）（　　）などは、日本人学生＿＿＿＿＿＿＿
   げん　だい　しゃ　かい
   普通に知っていることを、リさんはあまり知りません。だから、リさんはけっこう
   （　）っています。
   こま

3. リさんは一人で生活しているので、（　　）や（　　　）なども、買い
   しょく　ざい　　にち　よう　ひん
   に行かなければなりません。朝のパンや（　　　）やヨー
   ぎゅう　にゅう
   グルトなども、買わなければなりません。そうじや（　　）
   せん　たく
   も、自分でしなければなりません。

4. 授業が（　はじ　）まるとき、リさんはいろいろな（　てつづ　）きをしなければなりませんでした。（　じゅぎょう　）登録もしなければなりませんでした。カリキュラムも（　りかい　）しなければならないし、シラバスも（　よ　）まなければなりませんでした。リさんは、情報が多すぎて、＿＿＿＿＿＿＿＿＿＿＿＿＿＿でした。

5. オリエンテーションのとき、リさんは、話を全部しっかり理解＿＿＿＿＿＿＿＿＿＿＿＿＿＿＿＿ので、とてもつかれました。

6. カリキュラムは、分かるまでは、ちょっと（　ふくざつ　）です。リさんは、友だちや寮の（　せんぱい　）に聞いて、＿＿＿＿＿分かりました。

# Part 2

## Key Sentences and Key Words

### Key Sentences

Study the following sentences while refering to the 「漢字と言葉」 booklet. And practice reading each sentence aloud.

① 新卒採用というのは、高校や大学を卒業したばかりの│新卒者│を企業が

採用する│ということ│です。

| | | | |
|---|---|---|---|
| 1. | 新卒採用 | 4. | 企業 |
| 2. | 卒業する | 5. | 採用する |
| 3. | 新卒者 | | |

② 日本の会社、特に大企業では、ヨソの会社を経験していない「きれいで真っ白

な」│若者│を採用して、自社の社員として育てる│という感覚│があります。

| | | | |
|---|---|---|---|
| 1. | 大企業 | 6. | 自社 |
| 2. | ヨソの会社 | 7. | 社員 |
| 3. | 経験する | 8. | 育てる |
| 4. | 真っ白な | 9. | 感覚 |
| 5. | 若者 | | |

③ そのような状況ですので、若者にとって新卒採用**される**ことが必須となります。

| | | | |
|---|---|---|---|
| 1. | 状況 | 2. | 必須の |

④ 就職が人生における重大事であることは言うまでもありません。しかし、新卒で

採用**される**のがゴールだ**とは考えないほうがいいです。**

| | | | |
|---|---|---|---|
| 1. | 就職 | 4. | ゴール |
| 2. | 人生における重大事 | 5. | 〜とは考えないほうがいいです |
| 3. | 新卒 | | |

72

⑤ 日本の雇用制度は終身雇用だと**言われていました**。しかし、今はもう、終身雇用

は過去のものになっています。

| | |
|---|---|
| 1. 雇用制度<br>こようせいど | 3. 過去のもの<br>か こ |
| 2. 終身雇用<br>しゅうしんこよう | |

⑥ 今は、会社に依存するのではなく、仕事**を通して**さまざまな知識や経験を身につ

けて、積極的にキャリアを伸ばし**ていく**生き方が**求められています**。
　　　　　　　　　　　　　　い　かた　もと

| | |
|---|---|
| 1. 依存する<br>い ぞん | 4. 身につける<br>み |
| 2. 仕事を通して<br>しごと とお | 5. 積極的に<br>せっきょくてき |
| 3. 知識<br>ち しき | 6. キャリアを伸ばす<br>の |

## Key Words

1. 新卒採用というのは、学校を卒業したばかりの（　　　　　）を（　　　　）
　　　　　　　　　　　　　　　　　　　　しん そつ しゃ　　　　　　　き ぎょう
が採用するということです。

2. 会社は、（　　　　）を（　　　　）して、自社の（　　　　）として（　　　　）
　　　　　わか もの　　　　さい よう　　　　　　　　しゃ いん　　　　　　　そだ
てます。

3. （　　　　）は、（　　　　）における（　　　　）です。
　　しゅう しょく　　　じん せい　　　　　　じゅう だい じ

4. 日本の雇用（　　　）は（　　　　）（　　　　）だと言われていました。
　　　　　　　せい ど　　　　しゅう しん　　こ よう

5. 仕事を（　　）して、さまざまな（　　　　）や（　　　　）を（　　）
　　　　とお　　　　　　　　　　ち しき　　　けい けん　　　　み
につけます。

6. 就職した後も、（　　　　　）にキャリアを（　　）ばしていかなければな
　　　　　　　　　せっ きょく てき　　　　　　　　の
りません。

73

# Part 2

## 仕事を始める

🔊 no.20

　生きていくためには、働いてお金を稼がなければなりません。働く必要のない人は、ごく例外的です。そして、働くためには、職を得なければなりません。就職です。

　日本では、①新卒採用という慣習があります。高校や大学を卒業したばかりの新卒者を企業が採用するということです。②日本の会社、特に大企業では、ヨソの会社を経験していない「きれいで真っ白な」若者を採用して、自社の社員として育てるという感覚があります。知識と経験があっても、ヨソの会社を経験した人は、企業はあまりほしがりません。

　③そのような状況ですので、若者にとって新卒採用されることが必須となります。大学生は3年生のときから就職活動を始めます。そして、4年生の時間の大部分を就職活動に使ってしまいます。

　④就職が人生における重大事であることは言うまでもありません。しかし、新卒で採用されるのがゴールだとは考えないほうがいいでしょう。

　昔は、⑤日本の雇用制度は終身雇用だと言われていました。しかし、今はもう、終身雇用は過去のものになっています。⑥今は、会社に依存するのではなく、仕事を通してさまざまな知識や経験を身につけて、積極的にキャリアを伸ばしていく生き方が求められています。

## Classroom Activities

1. 新卒採用というのは、どういうことですか。

_____

2. 会社は、知識と経験のある人がほしいですか。

_____

3. 会社は、どんな人がほしいですか。

_____

4. 大学生は、いつから就職活動を始めますか。

_____

5. 日本の雇用制度は、終身雇用ですか。

_____

6. ディスカッション

　あなたの国では、新卒採用の慣習がありますか？
　新卒採用についてあなたはどう思いますか？

7. エッセイ

　上のテーマでエッセイを書いてください。

# Part 2

## Worksheet 2

（　）の中に漢字を書いてください。そして、下線部に適当な言葉を入れてください。

1. 生きていくためには、働いてお金を（　稼　）がなければなりません。働く（　必要　）のない人は、ごく例外的です。そして、働く＿＿＿＿＿＿、職を得なければなりません。（　就職　）です。

2. 日本では、新卒採用という慣習があります。高校や大学を卒業した＿＿＿＿＿＿の（　新卒者　）を企業が（　採用　）するということです。

3. （　知識　）と経験が＿＿＿＿＿＿、ヨソの会社を経験した人は、企業はあまりほしがりません。

4. そのような状況ですので、若者＿＿＿＿＿＿新卒採用されることが必須となります。

5. 就職が人生＿＿＿＿＿＿重大事である＿＿＿＿＿＿＿＿＿＿＿＿。しかし、新卒で採用されるのがゴールだ＿＿＿＿＿＿＿＿＿＿＿＿でしょう。

6. 会社に（　依存　）する＿＿＿＿＿＿、仕事＿＿＿＿＿＿さまざまな知識や（　経験　）を身につけなければなりません。

# Grammar Summary to Unit 4 − Unit 6

## A. Grammatical phrases

### ① ～について：about ～ , concerning ～

(1) 現代社会の中の子どもと学校について考えてみましょう。(Unit 4)

(2) わたしは今、小学生と親とのコミュニケーションについて研究しています。

(3) わたしは、日本語の助詞(particle)について研究しています。

### ② ～において：in ～ , within ～

(1) 現代の社会において、学校は、子どもに社会人として必要な基礎的な知識と技能を学ばせるところとなっています。(Unit 4)

(2) 現代の生活において、スマートフォンはなくてはならない(indispensable)ものになっています。

(3) 人生において、就職は重大事です。

　※ ～における：in ～ , within ～ 　＊～における is used to modify the following noun.

　　ex. 就職は、人生における重大事です。(Unit 6)

### ③ ～として：as ～ , in the status of ～

(1) 学校は、子どもに社会人として必要な基礎的な知識と技能を学ばせるところです。

(Unit 4)

(2) 会社は、新卒の若者を採用して、自社の社員として育てます。(Unit 6)

(3) わたしは、2年前に交換留学生(exchange student)として日本に来ました。今は、大学院生としてこの大学で研究しています。

### ④ ～を通して：through ～

(1) 現代の人間の重要な部分は、学校教育を通して作られます。(Unit 4)

(2) 仕事を通してさまざまな知識や経験を身につけました。(Unit 6)

(3) 人間は、さまざまな経験を通して学びます。

77

5 〜にとって : for 〜, from 〜's point of view

(1) 新卒採用されることは、若者にとって必須です。(Unit 6)

(2) 日本が、外国出身の人にとっても日本の人にとっても、のびのびと生きられるところになればいいと思います。(Unit 12)

(3) 日本語の漢字は、中国人の学生にとっては、むずかしくないです。でも、中国以外の学生にとっては、とてもむずかしいです。

(4) 日本語の勉強は、わたしにとっては、勉強ではなくて、趣味です。


## B. Subordinate clause structures

1 〜（た）ばかり : have just -ed

(1) 企業は、高校や大学を卒業したばかりの新卒者を採用します。(Unit 6)

(2) 会社は、大学を卒業したばかりの若者を立派な働き手に育ててくれます。(Unit 8)

(3) 先週買ったばかりのパソコンが、こわれてしまいました。


2 〜（し）ないと : unless 〜

(1) 現代の社会では12年間あるいは16年間勉強しないと、一人前になれません。

(Unit 4)

(2) 大学を卒業しないと、いい会社に入ることができません。

(3) 漢字を覚えないと、日本語は読めません。


3 〜ても : even if 〜

(1) 知識と経験があっても、ヨソの会社を経験した人は、企業はあまりほしがりません。

(Unit 6)

(2) お金があっても、家族や友だちがいなかったら、幸せ(happy)にはなれません。

(3) 野球(baseball)の試合は、雨が降ると中止になります。サッカーの試合は、雨が降ってもあります。

**Exercise**

Review A (Grammatical phrases) of the Grammar Summary and fill in (　　) with the appropriate grammatical phrase from the box below. You can use the same phrase more than once.

```
～によって、～によると、～のために、～について、
～において、～として、～を通して、～にとって
```

1. わたしは、２年前に交換留学生（　　　　　　　　）、日本に来ました。

2. 好きな食べ物は、人（　　　　　　　）さまざまです。

3. 日本語の漢字は、中国人の学生（　　　　　　　）は、むずかしくないです。でも、
   中国以外の学生（　　　　　　）は、とてもむずかしいです。

4. 人間は、さまざまな経験（　　　　　　）、学びます。

5. わたし（　　　　　　　）は、日本語の勉強は、勉強ではなくて、趣味です。

6. パソコンの普及（　　　　　　）、わたしたちの仕事は大きく変わりました。

7. 台風（　　　　　　）、各地で大きな被害が出ました。

8. 電話は、グラハム・ベル（　　　　　　）発明されました。

9. 現代の生活（　　　　　　）、スマートフォンはなくてはならないものになってい
   ます。

10. 国（　　　　　　）、文化や習慣が違います。

11. 天気予報（　　　　　　）、あしたは午後から雨になるそうです。

12. わたしは、家族（　　　　　　）一生懸命働いています。

13. わたしは、日本語の助詞（　　　　　　）研究しています。

発音② 　｜　複合語 (compound word) (1)

Practice saying the following words or phrases paying particular attention to the intonation patterns.

1. 〜休み　　　　　　　　　　　　　　　　　　　　　　　🔊 no.21

　　はる　　　なつ　　　あき　　　ふゆ

　　**はるやすみ**　　**なつやすみ**　　**あきやすみ**　　**ふゆやすみ**
　　春休み　　　夏休み　　　秋休み　　　冬休み

2. 〜祭り　　　　　　　　　　　　　　　　　　　　　　　🔊 no.22

　　はる　　　なつ　　　あき　　　ふゆ

　　**はるまつり**　　**なつまつり**　　**あきまつり**　　**ふゆまつり**
　　春祭り　　　夏祭り　　　秋祭り　　　冬祭り

3. 〜教育　　　　　　　　　　　　　　　　　　　　　　　🔊 no.23

(1) がっこうきょういく　　かていきょういく
　　学校教育　　　　　　家庭教育

(2) えいごきょういく　　にほんごきょういく
　　英語教育　　　　　日本語教育

(3) すうがくきょういく　　りかきょういく　　れきしきょういく　　こくごきょういく
　　数学教育　　　　　　理科教育　　　　歴史教育　　　　　国語教育
　　　　　　　　　　　　science education

(4) しょうがっこうきょういく　　ちゅうがっこうきょういく　　こうこうきょういく
　　小学校教育　　　　　　　　中学校教育　　　　　　　　高校教育

　　だいがくきょういく　　だいがくいんきょういく　　ぎむきょういく
　　大学教育　　　　　　大学院教育　　　　　　　義務教育

(5) しょとうきょういく　　ちゅうとうきょういく　　こうとうきょういく
　　初等教育　　　　　　中等教育　　　　　　　　高等教育
　　primary education　　secondary education　　higher education

# Unit 7 働くことと暮らし①

## Part 1　Conversation

Conversation ①：**歴史と教育制度**
　　　　　　　Theme　教育制度とわたし

Conversation ②：**高校から大学へ**
　　　　　　　Theme　大学の専門

## Part 2　Lecture

Lecture：**会社と個人**

> 現代の社会では、たいていの人は、会社に入ります。わたしたちは、会社のために働いているのでしょうか？　会社と人の関係（relationship）はいろいろです。そして、いろいろな考え方があります。

➡ Grammar Summary to Unit 7–Unit 9　pp. 117-119.

# Part 1

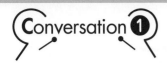 **歴史と教育制度** 🔊 no.24

4月17日（金）午後　紅茶の店で②

中田：あれから、マレーシアのことをいろいろ勉強しました。1400年にイスラム教のマラッカ王国ができて、その100年後にはヨーロッパの国々がマレー半島に進出してきました。そして、いろいろな時代に中国の人が入ってきました。すごく複雑な歴史ですね。

リ　：そうですね、国と民族と宗教といろいろな社会階層が複雑に交錯しています。

中田：学校の制度も、何だか複雑ですよね。

リ　：うーん、そうですね。小学校が6年で、中学校が3年。そして、高校が2年です。大学に進学したい人は、高校を卒業してから、大学予備学校に入って、1年か1年半勉強します。わたしは中国系の私立の学校に行きました。そして、高校を卒業して、クアラルンプールにある日本語学校に行きました。そこで1年半勉強してから、日本に来ました。

中田：そう言えば、リさんは、工学部でしたね。

リ　：はい、工学部です。子どものときから、わたしは数学や物理が好きでした。日本はＩＴの技術が進んでいます。そんな日本で高度なＩＴ技術を勉強したいと思って、日本に来ました。

# Classroom Activities

**Unit 7**

### 1 口頭練習

なめらかに言えるまで練習してください。

### 2 質問と答え

ペアで質問と答えの練習をしてください。

Q1 マラッカ王国は、いつできましたか。

Q2 ヨーロッパの人たちは、いつ頃マレーシアに来ましたか。

Q3 マレーシアの教育制度を説明してください。

Q4 リさんは、高校を卒業してから、どんな学校に行きましたか。

Q5 リさんは、なぜ日本の大学に行きたいと思いましたか。

### 3 先生の話 ― 日本の教育制度とわたし

先生が日本の教育制度と自分の教育歴について話します。よく聞いてください。

### 4 わたしの話 ― 教育制度とわたし

3、4人のグループで自分の国の教育制度と自分の教育歴について話してください。

### 5 エッセイ

上のテーマでエッセイを書いてください。

# Part 1

 高校から大学へ
　　　　　　　　　　　　　　　　no.25

リ　：日本はITのハードウェア(hardware)の技術(ぎじゅつ)も、システム(system)の技術も進(すす)んでいます。また(also)、アニメ(animation)制作(せいさく)(production)の技術や、CGの技術(computer graphics)も進んでいます。そんな日本で勉強(べんきょう)したいと思(おも)いました。

中田：ふーん。

リ　：それで(so)、高校1年の夏(なつ)に、日本留学(りゅうがく)(going to study abroad)のことを両親(りょうしん)に話しました。父と母は、はじめは、少しおどろきました。そして、少し心配(しんぱい)しました。でも、すぐにわたしの考(かんが)え(idea, opinion)に賛成(さんせい)(agree)してくれました。

中田：ああ、よかったですね。

リ　：はい。それから、高校を卒業(そつぎょう)して、わたしはクアラルンプールにある有名(ゆうめい)な日本語学校に入学(にゅうがく)しました。そして、日本語と、数学(すうがく)と物理(ぶつり)(physics)と化学(かがく)(chemistry)を勉強しました。

中田：えっ、日本語学校で数学や物理？

リ　：はい、めずらしいですが、マレーシアにはそんな学校がいくつか(some)あります。

中田：へえ、そうなんですか。

リ　：はい。それで、わたしは中国系(けい)(~ origin)なので、日本語の勉強はそれほどたいへんではありませんでした。それよりも、数学、物理、化学のほうがたいへんでした。高校で勉強しなかった新しいことをたくさん勉強しました。

中田：へええ。

84

# Classroom Activities

**Unit 7**

## 1 口頭練習

なめらかに言えるまで練習してください。

## 2 質問と答え

ペアで質問と答えの練習をしてください。

Q1 りさんは、いつ日本留学のことを両親に話しましたか。

Q2 ご両親はすぐに賛成しましたか。

Q3 日本語学校では、日本語だけ勉強しましたか。

Q4 日本語、数学、物理、化学のなかで、何がむずかしかったですか。

Q5 それは、なぜですか。2つ答えてください。

## 3 先生の話 ― 大学の専門

先生がどのように大学での専門を選んだかについて話します。よく聞いてください。

## 4 わたしの話 ― 大学の専門

3、4人のグループでどのように大学での専門を選んだかについて話してください。

## 5 エッセイ

上のテーマでエッセイを書いてください。

Part 1

Part 2

85

# Part 1

## Worksheet 1

（　）の中に漢字を書いてください。そして、<u>下線部</u>に適当な言葉を入れてください。

1. 1400年にイスラム教のマラッカ王国ができました。その100年後には、ヨーロッパの国々が、マレー半島に（　　　）[しんしゅつ]してきました。そして、いろいろな（　　　）[じだい]に中国の人が入ってきました。とても複雑な歴史です。国と（　　　）[みんぞく]と（　　　）[しゅうきょう]が（　　　）[ふくざつ]に交錯しています。

2. マレーシアでは、大学に（　　　）[しんがく]したい人は、高校を（　　　）[そつぎょう]してから、大学予備学校に入って、1年か1年（　　　）[はん]勉強します。

3. リさんは、中国（　　）[けい]の（　　　）[しりつ]の学校に行きました。そして、（　　　）[こうこう]を卒業して、日本語学校に行きました。

4. リさんは、子どものときから、数学や物理が好きでした。だから、（　　　）[こうがくぶ]に入りました。日本で、（　　　）[こうど]なIT（　　　）[ぎじゅつ]を勉強したいと思っています。

5. 日本は、ＩＴの技術が進んでいます。アニメ（　せいさく　）の技術や、ＣＧの技術も（　すす　）んでいます。

6. リさんは、高校１年の（　なつ　）に、日本（　りゅうがく　）のことを（　りょうしん　）に話しました。お父さんとお母さんは、はじめは、おどろきました。そして、少し（　しんぱい　）しました。でも、すぐにリさんの考えに賛成_____。

7. 高校を（　そつぎょう　）して、リさんはクアラルンプールにある（　ゆうめい　）な日本語学校に（　にゅうがく　）しました。

8. リさんは、日本語学校で、日本語を勉強しました。そして、（　すうがく　）と（　ぶつり　）と（　かがく　）も勉強しました。高校で勉強しなかった（　あたら　）しいことをたくさん（　べんきょう　）しました。

# Part 2

## Key Sentences and Key Words

### Key Sentences

Study the following sentences while refering to the「漢字と言葉」booklet. And practice reading each sentence aloud.

① 企業は自由に製品開発や商品開発を行い、独自にマーケティングや営業活動をして、自由に企業活動を展開します。企業の自由な活動が自由な市場で行われることで、企業間の競争が促進されます。その結果、適正な価格が実現され、技術革新も進みます。

| | | | |
|---|---|---|---|
| 1. | 企業<br>きぎょう | 10. | 展開する<br>てんかい |
| 2. | 自由に<br>じゆう | 11. | 市場<br>しじょう |
| 3. | 製品開発<br>せいひんかいはつ | 12. | 企業間の競争<br>きぎょうかん きょうそう |
| 4. | 商品開発<br>しょうひんかいはつ | 13. | 競争が促進される<br>きょうそう そくしん |
| 5. | 行う<br>おこな | 14. | その結果<br>けっか |
| 6. | 独自に<br>どくじ | 15. | 適正な価格<br>てきせい かかく |
| 7. | マーケティング | 16. | 実現する<br>じつげん |
| 8. | 営業活動<br>えいぎょうかつどう | 17. | 技術革新が進む<br>ぎじゅつかくしん すす |
| 9. | 企業活動<br>きぎょうかつどう | | |

② 企業は常に厳しい競争にさらされています。ですから、会社は、競争を勝ち抜くために、また生き残るために、必死になります。そして、社員も必死になることが求められます。

| | | | |
|---|---|---|---|
| 1. | 常に<br>つね | 4. | 生き残る<br>い のこ |
| 2. | 厳しい競争<br>きび きょうそう | 5. | 必死になる<br>ひっし |
| 3. | 競争を勝ち抜く<br>きょうそう か ぬ | 6. | 求める<br>もと |

③ 自分の労働や知識や技能を会社に売って、その対価として給料をもらっている
という考え方の人もいます。

| | | | |
|---|---|---|---|
| 1. | 労働<br>ろうどう | 4. | 対価<br>たいか |
| 2. | 知識<br>ちしき | 5. | 給料<br>きゅうりょう |
| 3. | 技能<br>ぎのう | 6. | 考え方<br>かんがえかた |

**Key Words**

1. 企業は自由に（　　せいひん　　）開発や（　　しょうひん　　）（　　かいはつ　　）を行います。そ
   して、マーケティングや（　　えいぎょう　　）活動をします。

2. （　きぎょう　）の自由な（　かつどう　）が自由な（　しじょう　）で行われます。

3. 企業の自由な活動で、企業間の（　きょうそう　）が（　そくしん　）されます。その
   （　けっか　）、適正な（　かかく　）が（　じつげん　）されます。

4. 会社は、競争を（　か　）ち（　ぬ　）くために、必死になります。そして、社員
   も（　ひっし　）になることが（　もと　）められます。

5. （　ろうどう　）や（　ちしき　）や（　ぎのう　）を会社に売ります。そして、そ
   の（　たいか　）として、（　きゅうりょう　）をもらっています。

# Part 2

## Lecture

## 会社と個人(こじん)

🔊 no.26

ほとんどの人(ひと)は、どこかの会社に就職(しゅうしょく)[get job]して、そこで仕事(しごと)をします。現代(げんだい)[modern]の社会(しゃかい)では、会社に入(はい)らないと[unless one joins a company]、仕事をすることができない、と言っていいくらいです[we may conclude that…]。では、わたしたちは、会社のために働(はたら)いているのでしょうか。

現在(げんざい)[current]の経済制度(けいざいせいど)[system]は、ほぼ世界的(せかいてき)[almost globally]に自由主義(じゆうしゅぎ)経済[free economy]になっています。①企業(きぎょう)は自由に製品開発(せいひんかいはつ)や商品開発(しょうひんかいはつ)を行(おこな)い、独自(どくじ)にマーケティングや営業活動(えいぎょうかつどう)をして、自由に企業活動を展開(てんかい)します。企業の自由な活動が自由な市場(しじょう)で行われることで、企業間の競争(きょうそう)が促進(そくしん)されます。その結果(けっか)、適正(てきせい)な価格(かかく)が実現(じつげん)され、技術革新(ぎじゅつかくしん)も進(すす)む、と考(かんが)えられています。[it is assumed that…; GN1 (passive)]

このように、現代の社会では、企業というものが経済活動の基本的(きほんてき)[basic]な単位(たんい)[unit]になっています。ですから、個人[each person]は、企業を通(とお)して[through～]経済活動に従事(じゅうじ)[engage in]することになります[consequently]。

②企業は常(つね)に厳(きび)しい競争にさらされています。ですから、会社は、競争を勝(か)ち抜(ぬ)くために、また生(い)き残(のこ)るために、必死(ひっし)になります。そして、社員(しゃいん)も必死になることが求(もと)められます。

会社と個人の関係(かんけい)というのは、一概(いちがい)には決(き)められません[we cannot generalize]。会社のために他(ほか)の社員と一丸(いちがん)となって[work as one]仕事をする人もいます。一方(いっぽう)で[on the other hand]、③自分(じぶん)の労働(ろうどう)や知識(ちしき)や技能(ぎのう)を会社に売(う)って、その対価(たいか)として給料(きゅうりょう)をもらっているという考え方(かた)の人もいます。昔(むかし)は、「会社は家(いえ)で、社員は家族(かぞく)」という考え方もありましたが、今は、会社と個人の関係はもっとドライ[businesslike]になっています。

# Classroom Activities

1　このレクチャーのテーマは何ですか。
<sub>なん</sub>

_____

2　企業の自由な活動と企業間の競争で、何が実現されますか。2つ答えてください。
<sub>こた</sub>

(1)　_____

(2)　_____

3　会社と個人の関係について、2種類<sup>kind</sup>の人がいます。その2つは何ですか。
<sub>しゅるい</sub>

(1)　_____

　　_____

(2)　_____

　　_____

4　昔と比べると、今の会社と個人の関係はどうですか。
<sub>くら</sub>

_____

5　ディスカッション

「会社は家で、社員は家族」という考え方をあなたはどう思いますか?
<sub>おも</sub>

6　エッセイ

上のテーマでエッセイを書いてください。

# Part 2

## Worksheet 2

（　）の中に漢字を書いてください。そして、<u>下線部</u>に適当な言葉を入れてください。

1. わたしたちは、会社_____働いているのでしょうか。

2. 企業は自由に製品開発や商品（開発/かいはつ）を行い、独自にマーケティングや営業活動をして、自由に（企業/きぎょう）（活動/かつどう）を（展開/てんかい）します。企業の自由な活動が（自由/じゆう）な（市場/しじょう）で行われる_____、企業間の競争が（促進/そくしん）されます。その結果、適正な（価格/かかく）が実現され、技術（革新/かくしん）も進みます。

3. 個人は、企業_____経済活動に従事します。

4. 企業は常に厳しい競争にさら_____。ですから、会社は、（競争/きょうそう）に勝ち抜くために（必死/ひっし）になります。

5. 会社と個人の関係は、一概には_____。会社_____他の社員と一丸となって仕事をする人もいます。一方で、自分の労働や知識や技能を会社に売って、その対価_____給料をもらっているという考え方の人もいます。

6. 昔は、「会社は家で、（社員/しゃいん）は家族」という考え方もありましたが、今は、会社と（個人/こじん）の（関係/かんけい）はもっとドライになっています。

# Unit 8 働くことと暮らし②

## Part 1　Conversation

Conversation ①：下田
　　　　　　　Theme　わたしの国の近代史

Conversation ②：わたしと外国
　　　　　　　Theme　家族の歴史

## Part 2　Lecture

Lecture：働く人としての生き方

> 日本の会社では、会社の中で社員を教育するシステムがあります。それが、日本の会社の強みの一つです。仕事をするときは、チームワークが大切です。そして、仕事をしながら学ぶことも大切です。

→ Grammar Summary to Unit 7–Unit 9　pp. 117-119.

# Part 1

## Conversation 1 — 下田(しもだ)

no.27

4月17日(金) 午後　紅茶(こうちゃ)の店で ③

リ　　：今日(きょう)は、中田さんの話を**聞(き)かせて**ください。 *(let me hear)*

中田：ぼくですか。

リ　　：中田さんは、なぜマレーシア語を？

中田：そうですね。ぼくは静岡出身(しずおかしゅっしん)です。伊豆半島(いずはんとう)って、分(わ)かる？ *(from〜 / Izu peninsula)*

リ　　：えーと、富士山(ふじさん)の近(ちか)くの半島ですか。

中田：そうです。ぼくは、伊豆半島の先(さき)の下田の出身です。 *(tip, end)*

リ　　：「シモダ」ですか。

中田：ええ、「下(した)」と「田(た)んぼ」の「田(た)」で、下田です。下田は、歴史(れきし)のある町(まち)です。1853年に、アメリカのペリー*が黒船(くろぶね)に乗(の)って、日本に来ました。ペリーは、アメリカ大統領(だいとうりょう)の手紙(てがみ)を幕府(ばくふ)に渡(わた)しました。そこには、「国(くに)を開(ひら)いてください」と書いてありました。当時(とうじ)、日本は鎖国(さこく)をしていたので、幕府はすぐに返事(へんじ)をすることができませんでした。それで、ペリーは一度帰(いちどかえ)って、翌年(よくねん)、また、日本に来ました。そのときに、日本とアメリカの間(あいだ)で条約(じょうやく)が結(むす)ばれて、下田と北海道(ほっかいどう)の函館(はこだて)が開港(かいこう)されることになりました。その後(ご)、下田には、アメリカの領事館(りょうじかん)が置(お)かれました。 *(rice field / "black ship", steam ship / president / the Shogunate government / back then, / national seclusion / so / the next year / treaty / GN1 (passive), dic. 結ぶ (conclude) / be opened as an international port; GN1 (passive) / it is decided that… / after that / consulate / GN1 (passive), dic. 置く)*

リ　　：へえ、歴史的(れきしてき)な町なんですね。 *(historical)*

中田：ええ、領事館になっていたお寺(てら)が今でも残(のこ)っています。今の下田はリゾートで、夏(なつ)には大勢(おおぜい)の人が東京方面(とうきょうほうめん)から来ます。 *(temple / resort / direction)*

リ　　：へええ。

94

# Classroom Activities

**Unit 8**

**Part 1**

**Part 2**

## 1 口頭練習

なめらかに言えるまで練習してください。

## 2 質問と答え

ペアで質問と答えの練習をしてください。

Q1 中田くんは、どこで生<sub>う</sub>まれて育<sub>そだ</sub>ちましたか。 *grow up*

Q2 アメリカのペリーは、何<sub>なん</sub>のために日本に来ましたか。

Q3 いつ、日本とアメリカの間で条約が結ばれましたか。

Q4 条約が結ばれて、下田はどうなりましたか。2つ答<sub>こた</sub>えてください。

Q5 今、下田は、どんな町ですか。

## 3 先生の話 — 日本の近代史<sub>きんだいし</sub> *modern history*

先生が日本の近代史について話します。よく聞いてください。

## 4 わたしの話 — わたしの国の近代史

3、4人のグループで自分<sub>じぶん</sub>の国の近代史について話してください。

## 5 エッセイ

上のテーマでエッセイを書いてください。

---

\* Matthew C. Perry, commander admiral of the East Indian Fleet of the United States, who visited Japan on the "black ship" at the end of the Edo period.（当時のアメリカの東インド艦隊司令長官）

# Part 1

## Conversation ❷ わたしと外国　　🔊 no.28

中田：うちは、昔からの温泉旅館です。外国の方もよくいらっしゃいます。子どものときには、よく外国人のお客さんに話しかけられました。「Hey, boy. How old are you?」とか。

リ　：へえ、楽しそうですね。

中田：楽しかったです。そんな感じだったので、外国というのが、わりあい身近でした。外国人も特別ではなくて、ごく普通でした。だから、中学校で英語の勉強が始まったときは、とてもうれしかったです。

リ　：へえ、日本人の中では、めずらしいんじゃないですか。

中田：そうかもしれませんね。それで、英語は、もう自分で勉強できる感じなので、ほかの外国語を勉強したいと思いました。中国語も考えましたが、東南アジアの言語の方がおもしろそうだと思いました。それで、マレーシア語を選びました。マレーシアの歴史も、おもしろそうでした。

リ　：ふーん。さっき、ペリーが1853年に日本に来たと言いましたね。

中田：はい。

リ　：その約10年前に、イギリスと中国の間でアヘン戦争がありました。うちのひいひいおじいちゃんは広州*で陶磁器の貿易をしていたそうですが、アヘン戦争の後にマラッカに移ったそうです。

中田：へえ、そうなんですか。

リ　：ああ、次、授業があるので、今日はそろそろ。

中田：いそがしそうですね。

リ　：うーん、けっこうたいへんです。でも、何とかやってます。

# Classroom Activities

**Unit 8**

**1 口頭練習**

なめらかに言えるまで練習してください。

**2 質問と答え**

ペアで質問と答えの練習をしてください。

Q1 中田くんのうちは、どんな仕事をしていますか。

Q2 中田くんは、子どものとき、外国から来た人と話しましたか。

Q3 中田くんにとって、外国や外国人は「遠いもの」でしたか。 for

Q4 中学校で英語の勉強が始まったとき、中田くんはどう思いましたか。

Q5 大学に入るとき、中田くんは、なぜマレーシア語を選びましたか。2つ答えてください。

Q6 りさんのひいひいおじいさんは、中国でどんな仕事をしていましたか。

Q7 りさんのひいひいおじいさんは、いつマレーシアに行きましたか。

**3 先生の話 ― わたしと外国の関係 or 家族の歴史**

先生が自分と外国との関係（or 家族の歴史）について話します。よく聞いてください。

**4 わたしの話 ― 家族の歴史**

3、4人のグループで自分の家族の歴史について話してください。

**5 エッセイ**

上のテーマでエッセイを書いてください。

\* Guangzhou（中国の町で香港の近く）

97

# Part 1

## Worksheet 1

（　）の中に漢字を書いてください。そして、<u>下線部</u>に適当な言葉を入れてください。

1. 中田くんは、伊豆（　　　）の下田の（　　　）です。下田は、歴史のある
   　　　　　　　　　はんとう　　　　　　　しゅっしん
   町です。1853年にアメリカのペリーが黒船に（　　　）って、
   　　　　　　　　　　　　　　　　　　　　　　　　の
   日本に来ました。ペリーは、アメリカ（　　　　　）の
   　　　　　　　　　　　　　　　　　　だいとうりょう
   （　　　）を幕府に渡しました。そこには、「国を（　　　）
   　てがみ　　　　　　　　　　　　　　　　　　　　　ひら
   いてください」と書いてありました。

2. ペリーは、一度帰って、翌年、また日本に来ました。そのとき
   に、日本とアメリカの（　　　）で条約が結＿＿＿＿ました。
   　　　　　　　　　　　あいだ
   そして、下田と函館が開港される＿＿＿＿＿＿ました。

3. その後、下田にはアメリカの（　　　　　）が置＿＿＿＿ました。領事館に
   　　　　　　　　　　　　　　りょうじかん
   なっていたお寺が今でも（　　　）っています。
   　　　　　　　　　　　　のこ

4. 今の下田はリゾートで、夏には（　　　　）の人が東京
   　　　　　　　　　　　　　　　おおぜい
   （　　　）から来ます。
   　ほうめん

5. 中田くんのうちは、（　　）（むかし）からの温泉（　　　）（りょかん）です。外国の人もよく来ます。子どものときには、よく外国人のお（　　）（きゃく）さんに話しかけ＿＿＿＿＿＿。そんな感じだったので、外国は中田くんにとって（　　　）（みぢか）でした。外国人も（　　　）（とくべつ）ではなくて、ごく（　　　）（ふつう）でした。

6. 大学に入るとき、中田くんは、中国語も考えましたが、（　　　）（とうなん）アジアの言語の方がおもしろ＿＿＿＿＿と思いました。＿＿＿＿＿、マレーシア語を選びました。

7. 1840年に、イギリスと中国の（　　）（あいだ）でアヘン（　　　）（せんそう）がありました。リさんのひいひいおじいさんは、広州で陶磁器の（　　　）（ぼうえき）をしていました。そして、アヘン戦争の後にマラッカに（　　）（うつ）りました。

99

# Part 2

## Key Sentences and Key Words

### Key Sentences

Study the following sentences while refering to the 「漢字と言葉」 booklet. And practice reading each sentence aloud.

① 日本では、特定の仕事をするために会社に雇われるのではなく、まず会社に入って、それから、どのような仕事をするかが決められます。

| | | | |
|---|---|---|---|
| 1. | 特定の仕事 | 3. | 決める |
| 2. | 会社に雇われる | | |

② 日本の会社では、フォーマルにもインフォーマルにも社員を教育するシステムがあります。社員を育てて有能な人材にしていくプログラムが会社の経営システムに組み込まれています。

| | | | |
|---|---|---|---|
| 1. | 社員を教育する | 3. | 有能な人材 |
| 2. | 社員を育てる | 4. | 経営システムに組み込まれている |

③ 基本的に給与や昇進は年功序列的に決められますので、社員の間では同期がライバルになります。ですから、社員たちは、同期に負けないように、そして社内で評価されるように、一生懸命働きます。

| | | | |
|---|---|---|---|
| 1. | 基本的に | 6. | 負ける |
| 2. | 給与 | 7. | 社内 |
| 3. | 昇進 | 8. | 評価する |
| 4. | 年功序列 | 9. | 一生懸命 |
| 5. | 同期　See Grammar Bits 4 on the next page. | 10. | 働く |

100

## Grammar Bits 4　先輩・後輩・同期
せんぱい・こうはい・どうき

In a Japanese company or school etc. seniority is very important. People are always aware that the person he/she talks to is　先輩 (senior member)，後輩 (younger member) or 同期 ("same-year"member). If the person one talks to is 先輩, you have to treat him/her with considerable respect. If the person is 同期, you may treat him/her as a colleague or friend. However, as discussed in the lecture, 同期 in a company are not only friends but also a ライバル (rival).

④　個人として重要なことは、ただ目の前の仕事をこなすのではなく、積極的に

仕事に取り組むことです。そして、仕事を通していろいろなことを学ぶことです。

| | | | |
|---|---|---|---|
| 1. | 個人<br>こじん | 5. | 積極的に<br>せっきょくてき |
| 2. | 重要な<br>じゅうよう | 6. | 取り組む<br>とく |
| 3. | 目の前の仕事<br>め まえ しごと | 7. | 仕事を通して学ぶ<br>しごと とお まな |
| 4. | こなす | | |

## Key Words ▶

1．（　とく　てい　）の仕事をするために会社に（　やと　）われるのではありません。

まず会社に入って、それから仕事が（　き　）められます。

2．（　きゅう　よ　）や（　しょう　しん　）は年功（　じょ　れつ　）的に決められます。

3．社員たちは、社内で（　ひょう　か　）されるように、（　いっ　しょう　）懸命働きます。

101

# Part 2

 Lecture 　　働く人としての生き方
　　　　　　　　　はたら　ひと　　　　　　い　かた　　　🔊 no.29

日本の会社、特に大企業では、多かれ少なかれ、会社に忠誠を尽くすことが求められます。また、たいていは、①特定の仕事をするために会社に雇われるのではなく、まず会社に入って、それから、どのような仕事をするかが決められます。配置転換という仕事の部署の変更、つまりは仕事の内容の変更もしばしばあります。就職した人は、「○○社」というチームのメンバーになるわけです。

また、②日本の会社では、フォーマルにもインフォーマルにも社員を教育するシステムがあります。会社は、大学を卒業したばかりの若者を立派な働き手に育ててくれます。②社員を育てて有能な人材にしていくプログラムが会社の経営システムに組み込まれているのです。一方、③基本的に給与や昇進は年功序列的に決められますので、社員の間では同期がライバルになります。ですから、社員たちは、同期に負けないように、そして社内で評価されるように、一生懸命働きます。このような、会社としての一体感、人材育成システム、社内での競争システムが日本の会社の強みだ、と言われています。

仕事をするにあたっては、どこの国の会社でも、チームワークが重要です。そして、チームで仕事をするためには、コミュニケーションが重要になります。一方で、④個人として重要なことは、ただ目の前の仕事をこなすのではなく、積極的に仕事に取り組むことです。そして、仕事を通していろいろなことを学ぶことです。

## Classroom Activities

1 日本では、就職するときに、入社後にする仕事が分かりますか。
（after joining the company = 入社後）（分 = わ）

_____

_____

2 このレクチャーでは、日本の会社の強みを３つ挙げています。その３つは何ですか。
（list = 挙）

(1) _____

(2) _____

(3) _____

3 日本の会社では、多かれ少なかれ、会社に忠誠を尽くすことが求められます。それはなぜ
ですか。キーワードは「恩返し」です。
（key word = キーワード）（repayment, showing gratitude = 恩返し）（おんがえ）

_____

_____

4 チームでうまく仕事をするためには、何が重要ですか。２つ答えてください。
（答 = こた）

(1) _____

(2) _____

5 仕事をするときに、個人として重要なことは何ですか。

_____

_____

6 ディスカッション

日本の会社のシステムについてあなたはどう思いますか？
（思 = おも）

7 エッセイ

上のテーマでエッセイを書いてください。

**103**

# Part 2

## Worksheet 2

（　）の中に漢字を書いてください。そして、<u>下線部</u>に適当な言葉を入れてください。

1. 日本の会社では、_____、会社に忠誠を尽くすことが求め_____。また、たいていは、特定の仕事をする_____会社に雇われるのではなく、まず会社に入って、それから、どのような仕事をするかが決め_____。

2. 日本の会社では、フォーマルにもインフォーマルにも社員を（　　　）(きょういく)するシステムがあります。社員を（　　　）(そだ)てて有能な（　　　）(じんざい)にしていくプログラムが会社の（　　　）(けいえい)システムに組み込_____のです。一方、基本的に給与や（　　　）(しょうしん)は年功序列的に決め_____。

3. 会社_____一体感、人材育成システム、社内_____競争システムが日本の会社の（　　　）(つよ)みです。

4. 仕事をする_____は、チームワークが重要です。そして、チームで仕事をするためには、コミュニケーションが（　　　）(じゅうよう)になります。一方で、個人_____重要なことは、ただ目の前の仕事をこなす_____、仕事_____いろいろなことを学ぶことです。

104

# Unit 9 働くことと暮らし③

## Part 1 Conversation

Conversation ①：ひどい一日
　　　　　　　Theme　ひどい経験

Conversation ②：勉強
　　　　　　　Theme　勉強の仕方

## Part 2 Lecture

Lecture：多様な働き方と生き方

> 昔、日本人は「ワーカホリック(workaholic)」と言われました。今でも、遅くまで会社で仕事をする人が多いです。しかし、若い人たちでは、早く会社を出て、友だちと会う人も多いです。今は、家事(housework)や育児(parenting, childcare)をする男の人も増えています。

→ Grammar Summary to Unit 7–Unit 9　pp. 117-119.

→ Grammar Notes　5. Volitional Expressions (p. 164)

# Part 1

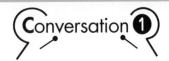

## ひどい一日

no.30

5月1日（金）午後　紅茶の店で ①

Li-*san* and Nakata-*kun* meet again at the tea shop after some interval.

中田：ひさしぶり。元気？

リ　：はい、でも…、この1か月はちょっと**きつかった**です。新しい生活のためにいろいろなことをしなければならなかったし、いろいろな**手続き**や**授業登録**もしなければならなかったし。
（hard / procedure / course registration）

中田：ああ、**新入生**は、新しいことばかりで、たいへんですね。**その上に**、留学生の場合は、外国だし。
（freshmen / on top of that）

リ　：はい。**それに**…、先週の金曜日は本当に**さんざん**でした。
（moreover / terrible, disastrous）

中田：えっ？どうしたんですか。

リ　：その日は天気がよかったので、いつもと違う道で学校に来ました。そして、道を歩いていると、急に**犬にほえられました**。びっくりしました。
（GN1 (passive), dic. ほえる (bark)）

中田：ああ、犬はね…。

リ　：それから、学校に着いて、カバンを開けると、**スマホ**がありませんでした。スマホをうちに忘れ**てしまい**ました。いつもスマホでいろいろ調べるので、この日は、すごく不便でした。
（smartphone / ～てしまう implies that it happened mistakenly or unfortunately.）

中田：そうですね、スマホがないとねえ…。

リ　：授業では、**先生にあてられました**が、うまく答えられませんでした。そして、教室に、**蚊**がいたようです。わたしも、友だちも、足や手を**蚊にさされました**。とても、**かゆかった**です。学校から帰るときは、**ハチに追いかけられました**。こわかったです。そして、**寮**に帰ったとき、寮の階段で**転んでしまい**ました。本当にひどい一日で、すごーく**落ち込みました**。
（GN1 (passive), dic. あてる (call on) / mosquito / GN1 (passive), dic. さす / itchy / hornet bee / GN1 (passive), dic. 追いかける (chase) / dormitory / have a bad fall / felt depressed）

中田：わあ、それはたいへんでしたね。

106

# Classroom Activities

## 1 口頭練習

なめらかに言えるまで練習してください。

## 2 質問と答え

ペアで質問と答えの練習をしてください。

Q1 学校に行く道を歩いているとき、何がありましたか。

Q2 リさんは、スマホをどうしましたか。

Q3 先生にあてられたとき、リさんは答えられましたか。

Q4 教室に何がいましたか。

Q5 学校から寮に帰るとき、何がありましたか。

Q6 寮に帰ったとき、リさんはどうしましたか。

Q7 いろいろなひどい経験で、リさんはどうなりましたか。

## 3 先生の話 ― ひどい旅行

先生があきおさん家族のひどい旅行の話（『NEJ』の Unit 23）をします。よく聞いてください。

## 4 わたしの話 ― ひどい経験

3、4人のグループでひどい経験について話してください。

## 5 エッセイ

上のテーマでエッセイを書いてください。

107

# Part 1

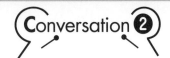 

## 勉強(べんきょう)

🔊 no.31

リ ： それにしても、勉強がこんなにたいへんだと思(おも)ったことはあ
　　　　　　　　　　　　　　　　　　　　　　　　this way
りません。高校(こうこう)のときも、勉強はたいへんでした。でも、授
業(じゅぎょう)をしっかり聞(き)けば、分(わ)かりました。そして、しっかり勉強
すれば、試験(しけん)でいい点(てん)をとることができました。ですから、何(なに)も問題(もんだい)はありません
　　　　　　　　　　　　　　　so, therefore　　　　　　　I had no problem.
でした。日本語を勉強し始(はじ)めたときも、漢字(かんじ)が分かるので、それほどたいへんでは
ありませんでした。漢字の読(よ)み方(かた)は少(すこ)しむずかしかったですが、正(ただ)しい読み方を調(しら)
べて、それを覚(おぼ)えれば、だいじょうぶでした。いつも、何を覚えればいいか、はっ
　　　　　　　　　　　　　　　　　　　　　　　　　　what I should memorize
きりしていました。

大学の勉強は、ぜんぜん違(ちが)います。大学の勉強は、
what I should study
何を勉強すればいいか、よく分かりません。先生も「これを
覚えなさい」とはっきり言ってくれません。どこまで勉強す
　　　　　　　　　　　　　　　　　　　　　　　how far
ればいいかも、よく分かりません。正しい答(こた)えを見つけようとしても、見つけられ
　　　　　　　　　　　　　　　　　　　　　　　GN5 (volitional), dic. 見つける
ません。こんな経験(けいけん)は初(はじ)めてでした。ですから、とても不安(ふあん)になりました。それ
　　　　　　　　　　　　　　　　　　　　　　　　　　　　anxious　　　　　　　so
で、この１・２週間(しゅうかん)は、ずっと悩(なや)んでいました。
　　　　　　　　　　was worried

中田 ： えー、だいじょうぶ？

リ ： はい、今は、だいじょうぶです。

中田 ： ふーん…、今は？

　　　　　　　　　climbing team　　　decided to ～
リ ： わたし、山の会(かい)に入(はい)ることにしました。

中田 ： えっ？

108

# Classroom Activities

**Unit 9**

**Part 1**

**Part 2**

1 **口頭練習**

なめらかに言えるまで練習してください。

2 **質問と答え**

ペアで質問と答えの練習をしてください。

Q1 りさんは、高校のときは、勉強がたいへんでしたか。

Q2 りさんにとって、日本語の勉強はたいへんでしたか。 *for*

Q3 りさんにとって、漢字の読み方はむずかしかったですか。

Q4 大学の勉強は、どうですか。4つ答えてください。

Q5 この1・2週間、りさんは元気でしたか。

Q6 りさんは、今は、元気ですか。

Q7 それは、なぜですか。

3 **先生の話 — 勉強の仕方**

先生が大学での勉強と中学・高校での勉強の違いについて話します。よく聞いてください。

4 **わたしの話 — 勉強の仕方**

3、4人のグループで大学での勉強と中学・高校での勉強の違いについて話してください。

5 **エッセイ**

上のテーマでエッセイを書いてください。

109

## Part 1

## Worksheet 1

（　　）の中に漢字を書いてください。そして、<u>下線部</u>に適当な言葉を入れてください。

1. 新入生は（　あたら　）しいこと＿＿＿＿＿＿で、たいへんです。＿＿＿＿＿＿＿、留学生の場合は、外国なので、もっとたいへんです。

2. リさんにとって、先週の金曜日はひどい一日でした。リさんはいつもと違う道で学校に行きました。そして、道を（　ある　）いていると、（　きゅう　）に犬にほえ＿＿＿＿＿＿＿。リさんは、びっくりしました。学校に（　っ　）いて、カバンを開けると、スマホがありませんでした。リさんは、スマホをうちに忘れ＿＿＿＿＿＿＿＿。スマホでいろいろ（　しら　）べるので、この日は、とても（　ふ　　べん　）でした。

3. 授業では、先生にあて＿＿＿＿＿＿＿が、答えられませんでした。そして、教室に蚊がいた＿＿＿＿＿＿。リさんも、リさんの友だちも、足や手を蚊にさ＿＿＿＿＿＿＿。

4. 学校から帰るときは、ハチに追いかけ＿＿＿＿＿＿＿。そして、寮に帰ったとき、リさんは、寮の階段で転ん＿＿＿＿＿＿＿＿。ひどい一日だったので、リさんは、すごく落ち込みました。

5. 高校の勉強は、授業をしっかり聞_____、分かります。そして、しっかり勉強_____、試験でいい点がとれます。

6. 大学の勉強は、違います。大学の勉強は、何を勉強すればいいか、よく分かりません。先生も「これを覚え_____」とはっきり言って_____ません。どこまで勉強_____も、よく分かりません。正しい答えを見つけ_____、見つけられません。

7. リさんは、大学での勉強の仕方（しかた）が分からないので、とても（　ふあん　）になりました。それで、この1・2（　しゅうかん　）はずっと悩んでいました。

8. でも、リさんは、今は、だいじょうぶです。リさんは、山の会に入る_____。

# Part 2

## Key Sentences and Key Words

**Key Sentences**

Study the following sentences while refering to the 「漢字と言葉」 booklet. And practice reading each sentence aloud.

① 10 年ほど前から、働く人のワーク・ライフ・バランスを改善しようという 動き

があります。

※ Study Grammar Notes 5 (Volitional Expressions) on p.164 to understand the bold-faced part.

| | | | |
|---|---|---|---|
| 1. | 働く人 | 3. | 動き |
| 2. | 改善する | | |

② 子どもとのコミュニケーションに関する調査によると、「1 週間のうち、何回子

どもといっしょに晩ごはんを食べますか」 という質問 に、働いているお父さん

の 38 パーセント は「週に 1・2 回」と答えています。

| | |
|---|---|
| 1. | ～に関する調査 |

③ 小学生くらいの子どもがいる 人 では、男女に関わらず、帰宅時間が遅く、いつ

も 5 時に仕事を終えてうちに帰る 人 は少ないです。

| | | | |
|---|---|---|---|
| 1. | 男女に関わらず | 3. | 仕事を終える |
| 2. | 帰宅時間 | | |

④ 若い人たちでは、定時に会社を出て友だちとプライベートな時間を楽しむ 人 も

多いです。

| | | | |
|---|---|---|---|
| 1. | 定時に会社を出る | 2. | プライベートな時間を楽しむ |

112

⑤ 女性の社会進出に目を向けると、1985年の男女雇用機会均等法以来、働く女性
は着実に増えています。

| | |
|---|---|
| 1. 女性の社会進出<br>じょせい しゃかいしんしゅつ | 4. 〜以来<br>いらい |
| 2. 目を向ける<br>め む | 5. 着実に増える<br>ちゃくじつ ふ |
| 3. 男女雇用機会均等法<br>だんじょ こ よう き かいきんとうほう | |

⑥ わたしの周りには、家事も子育てもいっしょにしている 若いカップル がたくさん
います。また、奥さんのほうが仕事をして、自分は主夫をしている 人 もいます。

| | |
|---|---|
| 1. わたしの周り<br>まわ | 4. 若いカップル<br>わか |
| 2. 家事<br>か じ | 5. 主夫<br>しゅ ふ |
| 3. 子育て<br>こ そだ | |

## Key Words

1. ワーク・ライフ・バランスを（　かい　ぜん　）する

2. 子どもとのコミュニケーションに（　かん　）する（　ちょう　さ　）

3. わたしは、いつも（　てい　じ　）に会社を出ます。

4.（　じょ　せい　）の（　しゃ　かい　）（　しん　しゅつ　）

5.（　だん　じょ　こ　よう　き　かい　きん　とう　ほう　）

6.（　か　じ　）と（　こ　そだ　）て

113

# Part 2

## Lecture 多様な働き方と生き方

🔊 no.32

① 10年ほど前から、働く人のワーク・ライフ・バランスを改善しようという動きがあります。昔、日本人は、欧米の人たちから「エコノミック・アニマル」とか「ワーカホリック」とか言われました。日本人の長時間労働を非難する言葉です。現在は、数字の上では日本人の長時間労働はかなり改善されました。しかし、今でも日本の会社では、残業が多いと言われています。

いつも家族で晩ごはんを食べる家庭は、どれくらいあるでしょうか。ある会社＊が実施した②子どもとのコミュニケーションに関する調査によると、「1週間のうち、何回子どもといっしょに晩ごはんを食べますか」という質問に、働いているお父さんの38パーセントは「週に1・2回」と答えています。③小学生くらいの子どもがいる人では、男女に関わらず、帰宅時間が遅く、いつも5時に仕事を終えてうちに帰る人は少ないようです。

一方で、④若い人たちでは、定時に会社を出て友だちとプライベートな時間を楽しむ人も多いです。また、⑤女性の社会進出に目を向けると、1985年の男女雇用機会均等法以来、働く女性は着実に増えています。最近では、男女共同参画社会の考え方の下に、施策が進められ、女性の管理職や専門職が増加し、家事や育児をする男性も増えています。⑥わたしの周りには、家事も子育てもいっしょにしている若いカップルがたくさんいます。また、奥さんのほうが仕事をして、自分は主夫をしている人もいます。

このように、現在の日本では、仕事の仕方や生活スタイルは多様になっています。しかし、全体として見ると、まだ生活の中での仕事の比重が大きいようです。

# Classroom Activities

1 昔、日本人は、何と言って非難されましたか。

_____

2 日本の会社では、今でも残業が多いですか。

_____

3 小学生くらいの子どもがいる人は、みんな5時にうちに帰りますか。

_____

4 若い人たちは、定時（5時）にうちに帰りますか。

_____

5 西山先生の周りには、どんなカップルがいますか。また、どんな人がいますか。

_____

_____

6 今、日本の人たちのワーク・ライフ・バランスはいいですか。

_____

7 ディスカッション

あなたの家族（お父さんやお母さん）のワーク・ライフ・バランスはどうでしたか？

8 エッセイ

上のテーマでエッセイを書いてください。

* （株）GABA が、2010 年 3 月 16 日に調査をしました。

# Part 2

## Worksheet 2

（　）の中に漢字を書いてください。そして、下線部に適当な言葉を入れてください。

1. 「エコノミック・アニマル」とか「ワーカホリック」は、日本人の（　ちょう　じ　かん　ろう　どう　）を（　ひ　なん　）する言葉です。

milatas/Shutterstock.com

2. 子ども_____コミュニケーション_____調査_____、「1週間のうち、何回子どもといっしょに晩ごはんを食べますか」という（　しつ　もん　）に、働いているお父さんの38パーセントは「（　しゅう　）に1・2（　かい　）」と答えています。男女_____、いつも5時に仕事を終えてうちに帰る人は少ないです。

3. 1985年の男女雇用機会均等法_____、働く女性は（　ちゃく　じつ　）に増えています。最近では、男女共同参画社会の考え方_____、施策が進められ、女性の管理職や専門職が（　ぞう　か　）し、家事や（　いく　じ　）をする男性も（　ふ　）えています。

4. 仕事の仕方や生活スタイルは（　た　よう　）になっています。しかし、全体として見ると、まだ生活の中_____仕事の（　ひ　じゅう　）が大きいです。

# Grammar Summary to Unit 7 – Unit 9

## A. Grammatical phrases

### 1 ～にあたって : at -ing

(1) 仕事をするにあたっては、チームワークが重要です。(Unit 8)

(2) 外国で生活するにあたっては、まずその国の言語を勉強することが必要です。

(3) 外国に行くにあたっては、まずパスポート (passport) を取らなければなりません。

### 2 ～に関する : concerning ～ , in concerned with ～

(1) ある会社が、子どもとのコミュニケーションに関する調査をしました。(Unit 9)

(2) 交換留学プログラム (student exchange program) に関する説明会に参加 (join, attend) しました。

(3) 文法に関する質問は、答えるのがむずかしいです。

### 3 ～に関わらず : irrespective of ～

Use of this expressions is limitted to the such idiomatic expressions as 「性別に関わらず」or 「年齢に関わらず」.

(1) 小学生くらいの子どもがいる人では、男女に関わらず、帰宅時間が遅いです。

(Unit 9)

(2) ハイキング (hiking) は、年齢や性別 (gender) に関わらず、楽しむことができます。

   ※ ～に関係なく : regardless of ～

   ex. 学校では、一人ひとりの子どもの興味や関心に関係なく、一定のメニューの授業が行われます。(Unit 5)

### 4 ～での : in ～ , within ～／～との : with ～

～での or ～との forms a noun phrase with the following noun. サバンナでの生活 derives from サバンナで生活する. And 子どもとのコミュニケーション derives from 子どもとコミュニケーションする.

(1) アフリカのサバンナでの生活と、北極圏のイヌイットの生活とは大きく異なります。

(Unit 2)

117

(2) ある会社が、子どもとのコミュニケーションに関する調査をしました。(Unit 9)

(3) 日本の会社では、社内での競争システムがあります。(Unit 8)

(4) 日本では、まだ生活の中での仕事の比重が大きいです。(Unit 9)

## B. Subordinate clause structures

### ① ～ことで：as a consequence of ～ , through ～

(1) 立って歩くことで、ヒトの前足は自由になりました。それが手です。(Unit 1)

(2) 自由な活動が自由な市場で行われることで、企業間の競争が促進されます。

(Unit 7)

(3) お酒が好きな人は、お酒を飲むことでストレス (stress) を解消します (relieve)。話すのが好きな人は、友だちと話すことでストレスを解消します。

(4) 妻と夫の二人が働くことで、家族4人の普通の生活ができます。1人の収入 (income) だけでは、普通の生活ができません。

### ② ～ために（は）：in order to ～

(1) 農村社会では、一人前になるために学校に行く必要はありませんでした。(Unit 3)

(2) 生きていくためには、働いてお金を稼がなければなりません。(Unit 6)

(3) 会社は、競争を勝ち抜くために、必死になります。(Unit 7)

(4) 日本のアニメを研究するために、日本に来ました。

## C. Sentence-ending phrases

### ① …ようです：it seems that …

…ようです may be translated as "it seems that …". It is often used to soften the assertion.

(1) いつも5時にうちに帰る人は少ないようです。(Unit 9)

(2) 日本の人たちのワーク・ライフ・バランスは今でもあまりよくないようです。

(Unit 9)

118

## ※ Differences among …ようです, …そうです and …らしいです

Each of …ようです, …そうです and …らしいです presupposes particular background concerning the speaker's perception or understanding of the fact.

(a) 山田先生は結婚していない**ようです**。

In (a), the appearance and behaviors of 山田先生 suggests that he is not married. …み**たいです** is a casual expression of …ようです.

(b) 田中先生は結婚していない**そうです**。

In (b), the speaker heard from a specific person that 田中先生 is not married. Be aware that おいし**そうです** (It looks delicious.) or 雨が降り**そうです** (It looks like rain.) is another expression unrelated to (b).

(c) 山川先生は、結婚していない**らしいです**。

In (c), the speaker is not entirely sure but many people say that 山川先生 is not married.

---

## ② …と言ってもいいでしょう／…ことは言うまでもありません／…とは考えないほうがいいです／

### …と言っていいくらいです

These sentence-ending phrases that appeared in the text are often used in argumentative discourses.

### (a) …と言ってもいいでしょう：we may presume/conclude that …

現代の人間の重要な部分は、学校教育を通して作られる**と言ってもいいでしょう**。

(Unit 4)

### (b) …ことは言うまでもありません：it is needless to say that …

就職が人生における重大事である**ことは言うまでもありません**。(Unit 6)

### (c) …とは考えないほうがいいです：it is better not to assume that …

新卒で採用されるのがゴールだ**とは考えないほうがいいです**。(Unit 6)

### (d) …と言っていいくらいです：we may conclude that …

現代の社会では、会社に入らないと、仕事をすることができない、**と言っていいくらいです**。(Unit 7)

119

Grammar Summary

## 発音 ③ | 複合語 (compound word) (2)

Practice saying the following words or phrases paying particular attention to the intonation patterns.

1. ～社会　　　　　　　　　　　　　　　　　　　　　　　　　　　　 no.33

   (1) のうこうしゃかい　　ぼくちくしゃかい　　のうそんしゃかい
       農耕社会　　　　　　牧畜社会　　　　　　農村社会

   　　しゅりょうさいしゅうしゃかい
       狩猟採集社会

   (2) でんとうしゃかい　　きんだいしゃかい　　げんだいしゃかい
       伝統社会　　　　　　近代社会　　　　　　現代社会

   (3) こうぎょうしゃかい　じょうほうかしゃかい
       工業社会　　　　　　情報化社会
       　　　　　　　　　　information-oriented society

2. ～生活　　　　　　　　　　　　　　　　　　　　　　　　　　　　 no.34

   しゃかいせいかつ　　がっこうせいかつ　　のうそんせいかつ　　としせいかつ
   社会生活　　　　　　学校生活　　　　　　農村生活　　　　　　都市生活
   　　　　　　　　　　　　　　　　　　　　　　　　　　　　　　　urban life

3. ～制度　　　　　　　　　　　　　　　　　　　　　　　　　　　　 no.35

   きょういくせいど　　せいじせいど　　　　しゃかいせいど　　　けいざいせいど
   教育制度　　　　　　政治制度　　　　　　社会制度　　　　　　経済制度
   　　　　　　　　　　political system/institution　　　　　　economic system

4. 四字熟語 (combined kanji-compound)　　　　　　　　　　　　　 no.36

   (1) しゅうしんこよう　　しゅうしょくかつどう　　しんそつさいよう
       終身雇用　　　　　　就職活動　　　　　　　　新卒採用

   (2) せいひんかいはつ　　しょうひんかいはつ　　　ぎじゅつかくしん
       製品開発　　　　　　商品開発　　　　　　　　技術革新

   (3) えいぎょうかつどう　きぎょうかつどう　　　　けいざいかつどう
       営業活動　　　　　　企業活動　　　　　　　　経済活動

# Unit 10 外国出身者と日本①
がいこくしゅっしんしゃ　にほん

## Part 1　Conversation

Conversation ①：山の会
　　　　　　　　かい
　　　Theme　誘われた経験
　　　　　　　さそ　　　　けいけん

Conversation ②：大学時代の勉強と経験
　　　　　　　　だいがく じだい　べんきょう　けいけん
　　　Theme　大学時代の勉強と経験

## Part 2　Lecture

Lecture：日本で生きる外国出身者
　　　　　　　　　　　　しゅっしんしゃ

> 留学生は、生まれ育った町や国を出ました。そして、新しい世界に
> りゅうがくせい　う　そだ　まち　くに　で　　　　　　　　　　せかい
> 入りました。留学生の生き方は、自分の国と日本の両方で生きる生き
> はい　　　　　　　　い　かた　じぶん　くに　　　　りょうほう
> 方です。留学生は、開拓者です。
> かた　　　　　　　　かいたくしゃ(pioneer)

iStock.com/PeopleImages

➜ Grammar Summary to Unit 10–Unit 12　pp. 157-158.

## Part 1

### Conversation ①   山の会   no.37

5月1日（金）午後　紅茶の店で②

リ　：月曜日に、音楽を聞きながらキャンパスを歩いていたら、「いっしょに山に行きませんか。」と声をかけられました。その人のTシャツには「Daikyo Climbing Team」と書いてありました。

中田：ああ、山のサークルですね。

リ　：そうです。わたしは山に興味がなかったし、勉強のことが心配だったので、最初は断りました。でも、「山に行くと、気持ちがいいですよ。山を歩いて、きれいな景色を見て、おいしい空気を吸うと、元気になりますよ。勉強のことはちょっと忘れて、山に行きましょう」と言われました。

中田：へええ。

リ　：わたしは、「勉強のことはちょっと忘れて」と言われて、はっとしました。この1か月、わたしは勉強のことばかり考えていました。「授業が分からないと、困る」とか、「勉強の仕方がよく分からない」とか。それで、中田さんと会う以外は、どこにも遊びに行きませんでした。

中田：そうなんだ。

リ　：山の会の人は、とてもやさしそうでした。そして、さわやかで、とてもすてきでした。二人の顔を見て、わたしは「大学のときは、学校の勉強だけじゃない！」と思いました。

中田：うん、ぼくもそう思う。

122

# Classroom Activities

Unit 10

1 **口頭練習**

なめらかに言えるまで練習してください。

2 **質問と答え**

ペアで質問と答えの練習をしてください。

Q1 月曜日にキャンパスを歩いているときに、何がありましたか。

Q2 リさんは、山に興味がありましたか。

Q3 リさんは、何と言われてはっとしましたか。
なん

Q4 リさんは、なぜはっとしましたか。

Q5 山の会の二人は、どんな感じでしたか。
feeling, touch
かん

3 **先生の話 ― 誘われた経験**
got invited
さそ けいけん

先生が誘われた経験について話します。よく聞いてください。

4 **わたしの話 ― 誘われた経験**

3、4人のグループで誘われた経験について話してください。

5 **エッセイ**

上のテーマでエッセイを書いてください。

123

# Part 1

## 大学時代の勉強と経験

no.38

リ　：最近、少し勉強の仕方が分かりました。「少しずつ分かればい

　　　い」という気持ちになりました。勉強がきらいになったわけ

　　　ではありません。これからも勉強し続けます。でも、「正しい

　　　答え」ではなくて、いろいろな見方や考え方を勉強しようと思います。

中田：うん、そんな感じがいいんじゃない。

リ　：そして、大学の勉強は、学校の勉強だけではないと思いました。

　　　友だちを作ることや、先輩と話をすること、いろいろなことをし

　　　ていろいろな人に会うことなども、大学時代の大切な勉強だと思

　　　うんです。大学時代にいろいろな経験をしておくことが大切だと思います。

中田：うん、そうだよね。

リ　：大学入学までの人生は、「安全なエスカレーター」のような

　　　ものでした。うちがあって、家族がいて、友だちがいて、学

　　　校があって、やさしい先生がいます。学校では、勉強とい

　　　ろいろな行事がありました。わたしは、その「エスカレーター」に乗っていれば、

　　　安心して毎日を送ることができました。

中田：うーん、「安全なエスカレーター」ねえ…。

リ　：でも、大学は違います。大学生になると、突然、自由になり

　　　ます。時間もかなり自由になります。そして、したいことが

　　　できます。でも、逆に、何をすればいいか、自分で考えなけ

　　　ればなりません。

124

# Classroom Activities

**Unit 10**

### 1 口頭練習

なめらかに言えるまで練習してください。

### 2 質問と答え

ペアで質問と答えの練習をしてください。

Q1 大学の勉強について、最近、リさんは、どんな気持ちになりましたか。

Q2 リさんは、勉強がきらいになりましたか。

Q3 「正しい答え」ではなくて、何を勉強しようと、リさんは思いましたか。

Q4 リさんは、大学時代の勉強は学校の勉強だけではないと思いました。他に、どんな大切なことがありますか。3つ答えてください。

Q5 「安全なエスカレーター」というのは、どんな意味ですか。

Q6 大学は、「安全なエスカレーター」ですか。

### 3 先生の話 ― 大学時代の勉強と経験

先生が大学時代の勉強と経験について話します。よく聞いてください。

### 4 わたしの話 ― 大学時代の勉強と経験

3、4人のグループで大学時代の勉強と経験について話してください。

### 5 エッセイ

上のテーマでエッセイを書いてください。

125

# Part 1

## Worksheet 1

（　）の中に漢字を書いてください。そして、<u>下線部</u>に適当な言葉を入れてください。

1. 音楽を聞きながらキャンパスを歩いているときに、リさんは、「いっしょに山に行きませんか。」と声をかけ＿＿＿＿ました。山のサークルの人でした。リさんは山に興味がなかったし、勉強のことが（　心配　）だったので、最初は断りました。でも、「勉強のことはちょっと忘れて、山に行きましょう。」と言＿＿＿＿、はっとしました。

2. リさんは、この1か月、勉強のこと＿＿＿＿考えていました。そして、＿＿＿＿遊びに行きませんでした。

3. 山の会の人は、「山に行くと、気持ちがいいですよ。山を（　歩　）いて、きれいな（　景色　）を見て、おいしい（　空気　）を吸うと、元気になりますよ。」と言いました。

4. 山の会の人は、とてもやさし＿＿＿＿でした。そして、さわやかで、とてもすてきでした。二人の（　顔　）を見て、リさんは「大学のときは、学校の勉強＿＿＿＿！」と思いました。

5. リさんは、最近、勉強の仕方が分かりました。「少しずつ分か＿＿＿＿＿＿」という気持ちになりました。勉強がきらいになった＿＿＿＿＿＿＿＿＿＿＿＿＿＿。「正しい答え」ではなく、いろいろな見方や考え方を勉強＿＿＿＿＿と思いました。

6. 大学の勉強は、学校の勉強＿＿＿＿＿＿ありません。友だちを作ること、先輩と話をすること、いろいろなことをしていろいろな人に会うことなども、大学時代の大切な勉強です。大学（　じ　だい　）にいろいろな（　けい　けん　）をしておくことが（　たい　せつ　）です。

7. 大学入学までの人生は、「安全なエスカレーター」＿＿＿＿＿＿＿＿＿＿です。その「エスカレーター」に乗って＿＿＿＿＿＿、（　あん　しん　）して毎日を（　おく　）ることができます。

8. 大学生になると、突然、自由になります。時間もかなり（　じ　ゆう　）になります。そして、したいことができます。でも、＿＿＿＿＿＿、何を＿＿＿＿＿＿＿＿＿＿、自分で考えなければなりません。

127

# Part 2

## Key Sentences and Key Words

**Key Sentences**

Study the following sentences while refering to the 「漢字と言葉」 booklet. And practice reading each sentence aloud.

① わたしは何人かの留学生から次のような話を聞きました。かれらは大学 4 年生で、自身の将来を考え始めていました。

*from couple of international students* *following story* *one's future* *begin to think of*

| | | | |
|---|---|---|---|
| 1. | 何人かの留学生<br>なんにん　りゅうがくせい | 3. | 自身の将来<br>じしん　しょうらい |
| 2. | 次のような話<br>つぎ　　　　はなし | 4. | 考え始める　See Grammar Bits 5 below.<br>かんが　はじ |

---

**Grammar Bits 5**　〜始める・〜続ける・〜終わる
　　　　　　　　　　　　　　はじ　　　つづ　　　　お

　〜始める，〜続ける and 〜終わる means "begin to 〜", "continue 〜" and "finish/complete 〜" respectively. Study the following sentences that appear in the text.

1．日本語を勉強し**始めた**ときは、漢字が分かるので、それほどたいへんではありませんでした。
　　　　　　べんきょう　　　　　　　　　かんじ　わ

(Unit 9 の Conversation 2)

2．勉強がきらいになったわけではありません。これからも勉強し**続けます**。

(Unit 10 の Conversation 2)

3．かれらは大学 4 年生で、自身の将来を考え**始めて**いました。
　　　　　　　　　　　じしん　しょうらい　かんが

(Unit 10 の Lecture)

4．この日は、9 時半に歩き**始めて**、4 時にテントサイトに着きました。
　　　　ひ　　　　　　　　ある　　　　　　　　　　　　　　つ

(Unit 12 の Conversation 1)

---

② 留学生の話を聞いたときは、ちょっとショックでした。学生たちがむずかしい状況を背負っていることを初めて知ったからです。そして、すでに 10 年以上留学生と接していたわたしが、かれらのそのような状況にまったく気づいていなかったからです。

*was shocked* *they are burdened with difficult and complex circumstances* *because I have just realized that …* *I, who had been working with international students for more than ten years* *because I have never been aware of their difficult circumstances*

| | | | |
|---|---|---|---|
| 1. | むずかしい状況<br>じょうきょう | 4. | 10 年以上<br>ねん　いじょう |
| 2. | 背負っている<br>せ　お | 5. | 接する<br>せっ |
| 3. | 初めて知った<br>はじ　　し | 6. | 気づく<br>き |

128

③ 留学生は、**いわば開拓者**です。**生まれ育った町や国を出て**、家族や友だちと

**離れて、新しい世界に飛び込んだ**[人]です。
せ　かい　　　　　　　　と　こ　　　　ひと

| 1. | 開拓者<br>かいたくしゃ | 3. | 家族や友だちと離れる<br>か ぞく　　とも　　　はな |
|---|---|---|---|
| 2. | 生まれ育った町や国<br>う　そだ　まち　くに | 4. | 飛び込む<br>と こ |

④ 留学生は、自分の国と日本の両国にまたがる生き方を選んだのです。

| 1. | 自分の国と日本の両国<br>じ ぶん　くに　 にほん　りょうこく | 3. | 生き方<br>い かた |
|---|---|---|---|
| 2. | またがる | 4. | 選ぶ<br>えら |

⑤ 外国出身者の場合は、ワーク・ライフ・バランスの上に、「自国と日本のバラン

ス」も考えなければなりません。同時にこの２種類のバランスをとることはなか

なかむずかしいです。

| 1. | 外国出身者の場合<br>がいこくしゅっしんしゃ　ば あい | 4. | 同時に<br>どう じ |
|---|---|---|---|
| 2. | ～の上に<br>うえ | 5. | 種類<br>しゅるい |
| 3. | 自国と日本のバランス<br>じ こく　　にほん | 6. | バランスをとる |

### Key Words

1．留学生たちは、むずかしい（　　　　　）を（　　　　）っています。
　　　　　　　　　　　　　　　 じょう きょう 　　　　　 せ お

2．わたしは、10年以上（　　　　　　）と（　　　）しています。
　　　　　　　　　　　 りゅう がく せい 　　　 せっ

3．わたしは生まれ育った町や国を出て、（　　　　）や（　　　）だちと（　　　）
　　　　　　　　　　　　　　　　　 か ぞく 　　　 とも 　　　　　 はな

　　れて、新しい（　　　　）に（　　）び（　　）みました。
　　　　　　　　 せ かい 　　　と 　　 こ

4．留学生は、自分の国と日本の（　　　　　　）にまたがる生き方を（　　　）んだ
　　　　　　　　　　　　　 りょう こく 　　　　　　　　　　　 えら

　　人です。

5．（　　　　）に２（　　　　）のバランスをとることはむずかしいです。
　　 どう じ 　　　 しゅ るい

# Part 2

 **日本で生きる外国出身者**

① わたしは何人かの留学生から次のような話を聞きました。かれらは大学4年生で、自身の将来を考え始めていました。

わたしはわたしの母国の大学に行きませんでした。大学4年間という人生の重要な時期をわたしは母国で過ごしませんでした。ですから、大学を卒業して母国に帰ると、わたしは外国人みたいです。そして、日本でもわたしは外国人です。(留学生の話)

② この話を聞いたときは、ちょっとショックでした。学生たちがむずかしい状況を背負っていることを初めて知ったからです。そして、すでに10年以上留学生と接していたわたしが、かれらのそのような状況にまったく気づいていなかったからです。

③ 留学生は、いわば開拓者です。生まれ育った町や国を出て、家族や友だちと離れて、新しい世界に飛び込んだ人です。かれらは新しい生きる場所を日本に求めたわけではないでしょう。そうではなくて、④ 自分の国と日本の両国にまたがる生き方を選んだのです。

前回、わたしはワーク・ライフ・バランスの話をしました。日本で生きる⑤ 外国出身者の場合は、ワーク・ライフ・バランスの上に、「自国と日本のバランス」も考えなければなりません。同時にこの2種類のバランスをとることはなかなかむずかしいです。しかし、開拓者の道を選んだ人なら、きっとうまくやっていけるでしょう。

## Classroom Activities

1 留学生は、なぜ母国で外国人みたいになりますか。

_____

_____

2 留学生の話を聞いて、なぜ西山先生はショックを受けましたか。2つ答えてください。

(1) _____

(2) _____

3 先生の話によると、留学生はどんな人ですか。

_____

_____

4 留学生は、新しい生きる場所を日本に求めた人ですか。

_____

5 日本で生きる外国出身者は2種類のバランスをとらなければなりません。何と何ですか。

(1) _____

(2) _____

6 ディスカッション

今、日本にいるあなたは、将来、どこで、どのように生きたいですか？

7 エッセイ

上のテーマでエッセイを書いてください。

# Part 2

## Worksheet 2

（　）の中に漢字を書いてください。そして、下線部に適当な言葉を入れてください。

1. （留学生の話）わたしはわたしの母国の大学に行きませんでした。大学４年間という（　じんせい　）の（　じゅうよう　）な（　じき　）をわたしは母国で（　す　）ごしませんでした。ですから、大学を（　そつぎょう　）して（　ぼこく　）に帰ると、わたしは外国人みたいです。

Rawpixel.com/Shutterstock.com

2. 留学生の話を聞いたときは、わたしはショックでした。学生たちのむずかしい状況を初めて知ったからです。そして、すでに10年以上（　りゅうがくせい　）と（　せっ　）していたわたしが、かれらのそのような（　じょうきょう　）にまったく（　き　）づいていなかったからです。

3. 留学生は、＿＿＿＿＿＿＿＿開拓者です。

iStock.com/PeopleImages

4. 留学生は、新しい生きる場所を日本に求めた＿＿＿＿＿＿＿＿＿＿＿＿＿＿＿＿。＿＿＿＿＿＿＿＿＿＿、自分の国と日本の（　りょうこく　）にまたがる生き方を（　えら　）んだのです。

5. 外国出身者の場合は、ワーク・ライフ・バランス＿＿＿＿＿、「自国と日本のバランス」も（　かんが　）えなければなりません。（　どうじ　）にこの２（　しゅるい　）のバランスをとることはなかなかむずかしいです。しかし、開拓者の道を選んだ人＿＿＿＿、きっとうまくやっ＿＿＿＿＿＿でしょう。

milatas/Shutterstock.com

132

# Unit 11 外国出身者と日本②
がいこくしゅっしんしゃ　にほん

## Part 1　Conversation

Conversation ①：町を出る
　　　　　　　まち　で
　　Theme　家や生まれ育った町を出る
　　　　　　いえ　う　そだ　まち　で

Conversation ②：さまざまな人が生きる世界へ
　　　　　　　　　　　　　ひと　い　せかい
　　Theme　移民の歴史と現在
　　　　　　いみん　れきし　げんざい

## Part 2　Lecture

Lecture：日本、そして平等な社会
　　　　　　　　　　びょうどう

> 日本の中にも、いろいろな多様性があります。しかし、日本人には、
> 　　　　　　　　　　　　　　たようせい
> 　　　　　　　　　rule　　　　obey, follow　　　　　common trait
> 「がんばる」「まじめ」「ルールを守る」などの共通の性質があります。
> 　　　　　　　　　　　　　　まも　　　　　　きょうつう　せいしつ
> 現代の社会は、多様な人たちが共に生きることができる社会です。
> げんだい　しゃかい　　たよう　ひと　　とも　い　　　　　　　しゃかい

➜ Grammar Summary to Unit 10–Unit 12　pp. 157-158.

# Part 1

## 町を出る
### 5月1日（金）午後　紅茶の店で③

中田：ぼくがマレーシアに行くのも、同じような感じかも。

リ　：えっ？

中田：前に話したように、ぼくは、高校までは下田でした。下田は、田舎なので、それほど遊ぶところがありません。ぼくの中学・高校時代は、ほとんど勉強と部活だけでした。

リ　：部活は、何をしていたんですか。

中田：剣道です。

リ　：へええ。

中田：そして、今、生まれ育った町を出て、東京の大学で勉強しています。1年生のときは、授業がとても多くて、たいへんでした。マレーシア語の授業だけでも、8コマありました。

リ　：へえー。

中田：2年生になって、授業は少し楽になりました。そして、今の自分を振り返りました。「ぼくはなぜマレーシア語を勉強しているんだろう」とか、「大学を卒業したら、ぼくはどうなるんだろう」とか。

リ　：ふーん。

中田：それで、一度日本を出てみよう、自分が勉強しているマレーシア語の国に行ってみようと思いました。

# Classroom Activities

**Unit 11**

## 1 口頭練習

なめらかに言えるまで練習してください。

## 2 質問と答え

ペアで質問と答えの練習をしてください。

Q1 大学に入学するまでの中田くんの生活は、「安全なエスカレーター」（p.124）でしたか。

Q2 それはなぜですか。

Q3 中田くんは、どんな部活をしていましたか。

Q4 大学１年生のときの中田くんの生活は、どうでしたか。

Q5 ２年生の生活は、どうですか。

Q6 中田くんは、なぜ日本を出てみようと思いましたか。

## 3 先生の話 ― 家や生まれ育った町を出る

先生が家や生まれ育った町を出たときのことについて話します。よく聞いてください。

## 4 わたしの話 ― 家や生まれ育った町を出る

３、４人のグループで家や生まれ育った町を出たときのことについて話してください。

## 5 エッセイ

上のテーマでエッセイを書いてください。

135

# Part 1

 さまざまな人が生きる世界へ　no.41

中田：大学の勉強は、いろいろな興味や関心をもって、自分自身で前に進めなければ

　　　ならないと思います。そして、人や社会を知るために、いろいろな経験をするのが

　　　いいと思います。大学時代というのは、経済的にも精神的にも自立した人間になる

　　　ための準備期間のようなものだと思います。

リ　：そうですね。

中田：ぼくは、日本人の学生は、みんな、一度は外国に行ったほうがいいと思います。

リ　：うーん、そうですね。日本のように、みんな同じような顔で、同じ言語を話し

　　　ている国は、めずらしいですからねえ。

中田：ああ、なるほどね。アメリカやオーストラリアは、もともと移民の国だから、多民

　　　族になっているのは当然ですが、実は、ドイツや、イギリスや、フランスなども、

　　　他の国や地域からの移民がすごく多いですね。

リ　：そうですね。そして、マレーシアは、ずっと昔から、いろいろな種類の人が暮ら

　　　しています。とても複雑な国です。

中田：ああ、そうですね。

リ　：それにしても、おもしろいですね。

中田：えっ、何が？

リ　：わたしは、山で、中田さんは、マレーシアですね。

中田：ああ、そうですね。何だかわくわくしてきました。

リ　：わたしもです。

# Classroom Activities

**Unit 11**

**Part 1**

**Part 2**

1 **口頭練習**

なめらかに言えるまで練習してください。

2 **質問と答え**

ペアで質問と答えの練習をしてください。

Q1 中田くんは、大学時代は「準備期間」だと言いました。どんな「準備期間」ですか。

Q2 日本人の学生は何をしたほうがいいと、中田くんは言いましたか。

Q3 リさんは、日本はめずらしい国だと言いました。なぜめずらしいですか。

Q4 日本以外の国はどうですか。
      いがい

Q5 マレーシアはどうですか。

Q6 中田くんは、マレーシアに行くのがこわいですか。

3 **先生の話 ― 移民の歴史と現在**
                      れきし げんざい  present
先生が日本の移民などの歴史について話します。よく聞いてください。

4 **わたしの話 ― 移民の歴史と現在**

3、4人のグループで自分の国の移民の歴史と現在について話してください。

5 **エッセイ**

上のテーマでエッセイを書いてください。

137

# Part 1

## Worksheet 1

（　）の中に漢字を書いてください。そして、下線部に適当な言葉を入れてください。

1. 下田は、（　　）（いなか）なので、それほど（　　）（あそ）ぶところがありません。

2. 中田くんは、剣道をしていました。ですから、中学・高校時代は、ほとんど勉強と（　　）（ぶかつ）だけでした。

3. 今、中田くんは、（　）（う）まれ（　）（そだ）った町を出て、東京の大学で勉強しています。1年生のときは、授業が多くて、たいへんでした。マレーシア語の（　　）（じゅぎょう）＿＿＿＿＿、8コマありました。

4. 2年生になって、中田くんは授業が（　）（らく）になりました。そして、自分を（　）（ふ）り（　）（かえ）りました。「ぼくはなぜマレーシア語を勉強している＿＿＿＿＿＿＿」とか、「大学を卒業したら、ぼくはどうなる＿＿＿＿＿＿＿」とか、考えました。

5. 中田くんは、一度日本を出て＿＿＿＿＿＿と思いました。

6. 大学の勉強は、いろいろな（きょうみ）や（かんしん）をもって、自分自身で前に進めなければなりません。

7. 大学時代に、人や社会を知る_____、いろいろな（けいけん）をするのがいいです。大学時代_____は、経済的にも精神的にも（じりつ）した（にんげん）になるための（じゅんび）（きかん）の_____です。

8. 日本のように、みんな同じような（かお）で、同じ（げんご）を話している国は、めずらしいです。

9. ドイツや、イギリスや、フランスなども、（ほか）の国や（ちいき）からの（いみん）が多いです。そして、マレーシアは、ずっと昔から、いろいろな（しゅるい）の人が（く）らしています。とても（ふくざつ）な国です。

# Part 2

## Key Sentences and Key Words

### Key Sentences

Study the following sentences while refering to the「漢字と言葉」booklet. And practice reading each sentence aloud.

① 明治以来、この国はこの国を単位としてやってきました。そして、この国で暮らす人々も、明治以来約150年間、一つの国民として生活と歴史と運命を共有してきました。

| | | | | |
|---|---|---|---|---|
| 1. | 明治以来<br>めいじ いらい | 6. | 生活<br>せいかつ | |
| 2. | 単位<br>たん い | 7. | 歴史<br>れきし | |
| 3. | この国で暮らす人々<br>くに く ひとびと | 8. | 運命<br>うんめい | |
| 4. | 明治以来約150年間<br>めいじ いらいやく ねんかん | 9. | 共有する<br>きょうゆう | |
| 5. | 国民<br>こくみん | | | |

② 日本人には、多様性を超えた共通の性質のようなものがあります。しばしば言われる「がんばる」、「まじめ」、「几帳面」、「ルールと秩序を守る」、「あまり自己主張をしない」、「思慮深い」、そして「日本人としての意識が強い」などです。

| | | | | |
|---|---|---|---|---|
| 1. | 多様性を超えた共通の性質<br>たようせい こ きょうつう せいしつ | 5. | 自己主張<br>じ こ しゅちょう | |
| 2. | 几帳面<br>き ちょうめん | 6. | 思慮深い<br>し りょぶか | |
| 3. | 秩序<br>ちつじょ | 7. | 意識が強い<br>い しき つよ | |
| 4. | 守る<br>まも | | | |

③ これらの性質は、「みんな」でこの国を造り発展させようとした過去150年の歴史を通して作られました。

| | | | |
|---|---|---|---|
| 1. | 国を造り発展させる<br>くに つく はってん | 2. | 過去150年の歴史を通して<br>か こ ねん れきし とお |

140

④ 現在は、世界的に、民族、国籍、宗教、性別などで差別することは禁じられています。人は誰でも平等な人間として自由に他の人と交わることができます。つまり、人はみんな、平等な責任ある個人として扱われます。

| | | | |
|---|---|---|---|
| 1. | 民族<br>みんぞく | 7. | 誰でも<br>だれ |
| 2. | 国籍<br>こくせき | 8. | 平等な<br>びょうどう |
| 3. | 宗教<br>しゅうきょう | 9. | 自由に他の人と交わる<br>じゆう　ほか　ひと　まじ |
| 4. | 性別<br>せいべつ | 10. | 責任ある個人<br>せきにん　こじん |
| 5. | 差別する<br>さべつ | 11. | 扱う<br>あつか |
| 6. | 禁じる<br>きん | | |

## Key Words

1. 日本の人は、明治（　い　らい　）約150年間、一つの（　こく　みん　）として、生活と（　れき　し　）と（　うん　めい　）を共有してきました。

2. 日本人には、（　た　よう　せい　）を超えた（　きょう　つう　）の性質があります。その（　せい　しつ　）は、「みんな」でこの国を造り（　はっ　てん　）させようとした過去150年の歴史を（　とお　）して作られました。

3. （　みん　ぞく　）、（　こく　せき　）、（　しゅう　きょう　）、（　せい　べつ　）などで差別することは（　きん　）じられています。

4. 人はみんな、（　びょう　どう　）な（　せき　にん　）ある（　こ　じん　）として（　あつか　）われます。

# Part 2

## 日本、そして平等な社会

🔊 no.42

日本というのはどのような国でしょう。また、この国で暮らす人々はどのような人たちでしょう。ここでステレオタイプ的な文化論を展開するつもりはありません。一つの歴史的な見方を出したいと思います。

江戸時代（1603-1868）が終わって、明治になって、近代日本が始まりました。①明治以来、この国はこの国を単位としてやってきました。そして、この国で暮らす人々も、明治以来約150年間、一つの国民として生活と歴史と運命を共有してきました*。日本の中にも地域的な多様性や社会階層的な多様性などがあることは言うまでもありません。個々の人の個性ももちろんあります。しかしながら、その一方で、②多様性を超えた共通の性質のようなものがあるように思います。しばしば言われる「がんばる」、「まじめ」、「几帳面」、「ルールと秩序を守る」、「あまり自己主張をしない」、「思慮深い」、そして「日本人としての意識が強い」などです。しかし、この国で生きる人々がもともとそういう人だったのではなく、③これらの性質は、「みんな」でこの国を造り発展させようとした過去150年の歴史を通して作られたと見るべきでしょう。

④現在は、世界的に、民族、国籍、宗教、性別などで差別することは禁じられています。人は誰でも平等な人間として自由に他の人と交わることができます。つまり、人はみんな、平等な責任ある個人として扱われるわけです。民族や国籍や宗教などは、プライベートなこととなります。そして、それらはプライベートなこととして尊重されます。このように、現代の社会は、多様な背景をもつ人々が互いを尊重しながら共に生きることができる社会です。

## Classroom Activities

1 このレクチャーでは、日本人の性質を挙げています。それを７つ答えてください。

(1) _____    (5) _____

(2) _____    (6) _____

(3) _____    (7) _____

(4) _____

2 日本人は、もともとそのような性質をもっていましたか。

_____

_____

3 現代の社会では、個人はどのように扱われますか。

_____

4 現代の社会では、民族、国籍、宗教などはどのように扱われますか。

_____

5 ディスカッション

あなたの国は多様性がありますか？　どんな多様性がありますか？

6 エッセイ

上のテーマでエッセイを書いてください。

*過去150年の間にコリア系の人たちや中国系の人たちがこの国で暮らすようになりました。例えば、コリア系の人々は現在約50万人で、ピーク時の1945年には約200万人いました。

143

# Part 2

## Worksheet 2

（　）の中に漢字を書いてください。そして、<u>下線部</u>に適当な言葉を入れてください。

1. 明治以来、この国はこの国を（　　　）としてやってきました。そして、この国
   　　　たんい
   で暮らす人々も、明治_____約150年間、一つの国民_____生活と歴史と
   （　　　）を共有してきました。
   　うんめい

2. 日本の中にも地域的な多様性や社会（　　　）的な多
   　　　　　　　　　　　　　　　　　かいそう
   様性などがある_____。
   個々の人の（　　　）ももちろんあります。しかしなが
   　　　　　こせい
   ら、その一方で、（　　　）を超えた（　　　）
   　　　　　　　　たようせい　　　　きょうつう
   の性質があります。これらの（　　　）は、「みんな」
   　　　　　　　　　　　　　せいしつ
   でこの国を造り発展_____過去150年
   の歴史_____作られました。

3. 民族、国籍、宗教、性別などで差別することは禁じ_____。人は
   みんな、（　　　）な（　　　）ある個人_____扱われます。
   　　　びょうどう　　せきにん

4. （　　　）や（　　　）や（　　　）などは、プライベートなこと
   　みんぞく　　こくせき　　しゅうきょう
   _____尊重_____。このように、現代の社会は、（　　　）な
   　　　　　　　　　　　　　　　　　　　　　　　　　　　　　　たよう
   （　　　）をもつ人々が互いを（　　　）しながら共に生きることができる
   　はいけい　　　　　　　　　そんちょう
   社会です。

# Unit 12 外国出身者と日本③

## Part 1　Conversation

Conversation ①：山登り
　　　　　　　　Theme　旅行の話

Conversation ②：雲取山
　　　　　　　　Theme　アウトドア活動の思い出

## Part 2　Lecture

Lecture：日本の将来

> 日本に来る外国人は毎年増えています。日本の大学などに留学して、卒業後も、日本の会社に入って、日本で生活する外国人も増えています。日本が、外国出身の人にとっても、日本の人にとっても、自分らしく生きられるところになればいいと思います。

for

➡ Grammar Summary to Unit 10–Unit 12　pp. 157-158.

# Part 1

## Conversation 1 — 山登り(やまのぼ)

no.43

今朝(けさ)は、5時(じ)に起(お)きました。急(いそ)いで朝(あさ)ごはんを食(た)べて、すぐにうちを出(で)ました。新宿駅(しんじゅくえき)のホーム[platform]に7時(じ)に集合(しゅうごう)[gathering]です。

わたしは6時(じ)40分(よんじゅっぷん)に着(つ)きました。「まだだれも来(き)ていないだろう」と思(おも)っていましたが、田中(たなか)さんと山川(やまかわ)さんが先(さき)に来(き)ていました。その後(あと)[after that]、新入部員(しんにゅうぶいん)[new member of the club]が続々(ぞくぞく)[one after another]と来(き)ました。知(し)っている人(ひと)もいるし、知(し)らない人(ひと)もいました。それから、先輩(せんぱい)たちが来(き)ました。全部(ぜんぶ)で22人(にん)です。いっしょに説明(せつめい)を受(う)けた1年生(ねんせい)の山田(やまだ)さんは、急(きゅう)に都合(つごう)が悪(わる)くなって、来(き)ませんでした。ちょっとがっかりしました[feel disappointed]。

わたしたちは、7時(じ)15分(ふん)の特別快速(とくべつかいそく)[special rapid service]に乗(の)って、終点(しゅうてん)[last stop]の駅(えき)まで行(い)きました。駅前(えきまえ)[in front of the station]ではたくさんの人(ひと)がバスを待(ま)っていました。そこから、約(やく)1時間(じかん)[about]バスに乗(の)って、登山口(とざんぐち)[climbing starting point]まで行きました。手(て)と足(あし)のストレッチ[stretching]をして、最後(さいご)に山川(やまかわ)さんがみんなを集(あつ)めて、いくつか[some]注意(ちゅうい)をしました。そして、出発(しゅっぱつ)しました。

わたしは、先頭(せんとう)[front]の山川(やまかわ)さんのすぐ後(うし)ろを歩(ある)きました。山用(やまよう)[mountain-use]の靴(くつ)は、思(おも)ったより歩(ある)きやすかったです。空(そら)は青(あお)くて、ところどころ[some places]に白(しろ)い雲(くも)が出(で)ていました。空気(くうき)はとてもきれいで、体(からだ)の中(なか)をきれいな風(かぜ)が通(とお)っていくようでした。[GN2 (outboundly)]

この日(ひ)は、9時半(じはん)に歩(ある)き始(はじ)めて、[See Grammar Bits 5, p.128.] テントサイト[tent site]に着(つ)いたのは、4時(じ)でした。休憩(きゅうけい)を入(い)れて、6時間半(じかんはん)歩(ある)きました。体力(たいりょく)[strength]には自信(じしん)[confidence]がありましたが、けっこう[fairly, quite]たいへんでした。

# Classroom Activities

### 1 口頭練習

なめらかに言えるまで練習してください。

### 2 質問と答え

ペアで質問と答えの練習をしてください。

Q1 山登りの集合は、何時に、どこ、でしたか。

Q2 何人で山登りに行きましたか。

Q3 登山口までは、何で行きましたか。

Q4 歩き始める前に、何をしましたか。

Q5 山用の靴は、歩きにくかったですか。

Q6 この日は、いい天気でしたか。

Q7 何時にテントサイトに着きましたか。

Q8 この日は、何時間歩きましたか。

### 3 先生の話 — 旅行の話

先生が最近の旅行について話します。よく聞いてください。

### 4 わたしの話 — 旅行の話

3、4人のグループで最近の旅行について話してください。

### 5 エッセイ

上のテーマでエッセイを書いてください。

# Part 1

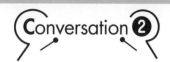 

# 雲取山
くもとりやま

no.44

　雲取山は東京都で一番高い山で、2017メートルあります。東京都で2000メートル以上の山は雲取山だけです。頂上からは、遠くの山々をながめることができました。そして、遠くに雪をかぶった富士山も見えました。こんな雄大な景色を見たのは、キナバル山に行ったとき以来です。

　夕飯は、カレーでした。みんなお腹がすいていたので、びっくりするほど食べました。やがて暗くなりました。気がつくと、空いっぱいに星が光っていました。流れ星も見つけました。夜になると、5月なのに、とても寒かったです。でも、わたしたちは、月の光の下で、夜遅くまで話をしました。

　日本という外国に来たわたしにとって、この夜は本当にすばらしい経験でした。そして、友だちと、こんなに深くいろいろな話をしたのは、初めてでした。

　山を下りて大学にもどったら、また、中田くんに会おうと思います。そして、今回の山の話をしたいと思います。

148

## Classroom Activities

### 1 口頭練習

なめらかに言えるまで練習してください。

### 2 質問と答え

ペアで質問と答えの練習をしてください。

Q1 リさんたちは、富士山に登りましたか。

Q2 雄大な景色を見て、リさんは何を思い出しましたか。

Q3 晩ごはんは、何を食べましたか。

Q4 みんな、たくさん食べましたか。

Q5 夜の空は、どうでしたか。

Q6 この日、夜は、寒かったですか。

Q7 この日、リさんは早く寝ましたか。

### 3 先生の話 ― アウトドア活動の思い出

先生がアウトドア活動の思い出について話します。よく聞いてください。

### 4 わたしの話 ― アウトドア活動の思い出

3、4人のグループでアウトドア活動の思い出について話してください。

### 5 エッセイ

上のテーマでエッセイを書いてください。

# Part 1

## Worksheet 1

（　）の中に漢字を書いてください。そして、<u>下線部</u>に適当な言葉を入れてください。

1. リさんは、山の会のメンバーといっしょに山に行きました。リさんは、朝5時に起きました。（　　）いで朝ごはんを食べて、うちを出て、新宿駅に行きました。6時40分に新宿駅に（　　）きました。田中さんと山川さんが先に来ていました。その後、続々と（しんにゅう）（ぶいん）が来ました。それから、（せんぱい）たちが来ました。

2. いっしょに説明を受けた山田さんは、急に（つごう）が（わる）くなって、来ませんでした。リさんは、ちょっとがっかりしました。

3. リさんたちは、7時15分の特別快速に乗って、終点の（えき）まで行きました。（えきまえ）ではたくさんの人がバスを（ま）っていました。そこから、（やく）1時間バスに（の）って、登山口まで行きました。

4. リさんは、山川さんのすぐ（うし）ろを歩きました。（そら）は（あお）くて、ところどころに白い（くも）が出ていました。（くうき）はとてもきれいで、体の中を（かぜ）が（とお）っていく_____でした。

5. この日は、休憩を入れて、6時間半歩きました。リさんは（たいりょく）には（じしん）がありましたが、けっこうつかれました。

6. 雲取山は東京都で（　いちばん　）高い山で、2017メートルあります。東京都で2000メートル（　いじょう　）の山は雲取山＿＿＿＿＿＿です。

7. 雲取山の頂上から、リさんは、（　ゆき　）をかぶった富士山を見ました。そんな雄大な（　けしき　）を見るのは、キナバル山に行ったとき以来でした。

8. この日の夕飯はカレーでした。みんなお（　なか　）がすいていたので、＿＿＿＿＿＿＿＿＿＿＿＿食べました。やがて、（　くら　）くなりました。（　そら　）いっぱいに（　ほし　）が光っていました。（　よる　）になると、5月なのに、とても（　さむ　）かったです。リさんたちは、月の（　ひかり　）の下で、夜（　おそ　）くまで話をしました。

9. リさんは、大学にもどったら、また、中田くんに会＿＿＿＿＿＿と思いました。そして、山の話をしたいと思いました。

# Part 2

## Key Sentences and Key Words

### Key Sentences

Study the following sentences while refering to the 「漢字と言葉」 booklet. And practice reading each sentence aloud.

① 現在の日本では、法律的には、差別を禁止して多様性を認めることになっています。問題は、人々の実際の意識と態度です。

| | | | | |
|---|---|---|---|---|
| 1. | 現在の日本 | 6. | 認める | |
| 2. | 法律的に | 7. | 人々 | |
| 3. | 差別 | 8. | 実際の | |
| 4. | 禁止する | 9. | 意識 | |
| 5. | 多様性 | 10. | 態度 | |

② この国の人たちは、多様な人々といっしょに生きることに慣れていません。多様性よりも「同じであること」や「一体であること」を大切にする傾向があります。

| | | | | |
|---|---|---|---|---|
| 1. | 多様な | 5. | 一体 | |
| 2. | 生きる | 6. | 大切な | |
| 3. | 慣れる | 7. | 傾向 | |
| 4. | 同じ | | | |

③ わたしは、外国出身の若い人たちがたくさん、日本で仕事をし、日本の社会で暮らしてくれることを期待しています。そして、日本のいい面を吸収しながら自分らしい人生を創造してほしいと思っています。

| | |
|---|---|
| 1. 出身<br>しゅっしん | 5. いい面<br>めん |
| 2. 若い人たち<br>わか　ひと | 6. 吸収する<br>きゅうしゅう |
| 3. 暮らす<br>く | 7. 人生<br>じんせい |
| 4. 期待する<br>きたい | 8. 創造する<br>そうぞう |

④ そのように前向きに生きる｜外国出身の人たち｜を見て、日本の若い人たちも

to see people from abroad live actively and lively

もっと元気になってほしいと思っています。

I would want them to be more vital and active

| | |
|---|---|
| 1. 前向きに生きる<br>まえ む　　い | 2. 元気になってほしい<br>げん き |

## Key Words

1. 現在の日本では、（　　　　　）的には、差別を禁止して多様性を（　　　）める
   ほう りつ　　　　　　　　　　　　　　　　　　　　　　　　　　みと
   ことになっています。問題は、人々の実際の（　　　　　）と（　　　　　）です。
   い　しき　　　　　　たい　ど

2. この国の人たちは、（　　　　　）な人々といっしょに生きることに（　　）れ
   た　よう　　　　　　　　　　　　　　　　　　　　　な
   ていません。多様性よりも「同じであること」や「（　　　　　）であること」を
   いっ　たい
   （　　　　　）にする（　　　　　）があります。
   たい せつ　　　　　　けい こう

3. わたしは、外国（　　　　　）の若い人たちがたくさん、日本で仕事をし、日
   しゅっ しん
   本の社会で（　　）らしてくれることを（　　　　　）しています。そして、
   く　　　　　　　　　　　　　　き　たい
   日本のいい（　　　）を（　　　　　　　）しながら自分らしい（　　　　　）を
   めん　　　　　きゅう しゅう　　　　　　　　　　　　　　　じん せい
   （　　　　　）してほしいと思っています。
   そう ぞう

4. そのように（　　　　　）きに生きる外国出身の人たちを見て、日本の若い人たち
   まえ む
   ももっと元気になってほしいと思っています。

153

## Part 2

### Lecture

# 日本の将来(しょうらい)

🔊 no.45

① 現在(げんざい)の日本では、法律的(ほうりつてき)には、差別(さべつ)を禁止(きんし)して多様性(たようせい)を認(みと)めることになっています。問題(もんだい)は、人々(ひとびと)の実際(じっさい)の意識(いしき)と態度(たいど)です。

明治(めいじ)以来(いらい)、この国(くに)の人(ひと)たちは一(ひと)つの国民(こくみん)としてやってきました。みんなでいっしょにがんばってきました。ですので、② 多様(たよう)な人々(ひとびと)といっしょに生(い)きることに慣(な)れていません。多様性(たようせい)よりも「同(おな)じであること」や「一体(いったい)であること」を大切(たいせつ)にする傾向(けいこう)があります。しかし、今は、多様(たよう)な背景(はいけい)の人々(ひとびと)といっしょに生きなければなりません。

iStock.com/metamorworks

日本に来る外国人観光客(かんこうきゃく)は年々増加(ねんねんぞうか)しています。日本が好きで、日本に住(す)む外国人も増(ふ)えています。日本の大学に留学(りゅうがく)して、卒業後(そつぎょうご)も日本で仕事(しごと)をして、日本で暮(く)らす人も増えています。

③ わたしは、外国出身(しゅっしん)の若(わか)い人たちがたくさん、日本で仕事をし、日本の社会(しゃかい)で暮らしてくれることを期待(きたい)しています。そして、日本のいい面(めん)を吸収(きゅうしゅう)しながら自分(じぶん)らしい人生(じんせい)を創造(そうぞう)してほしいと思(おも)っています。また、④ そのように前向(まえむ)きに生きる外国出身の人たちを見て、日本の若い人たちももっと元気になってほしいと思っています。日本という国が、外国出身の人にとっても日本の人にとっても、のびのびと自分らしく生きられるところになればいいと思います。

# Classroom Activities

1. 現在の日本は、多様性を認める社会になっていますか。

2. それはなぜですか。

3. レクチャーでは、外国出身の若い人たちに、何を期待していますか。2つ答えてください。

   (1) _____

   (2) _____

4. レクチャーでは、日本の若い人たちに、何を期待していますか。

5. ディスカッション

   日本の将来についてあなたはどう思いますか？

6. エッセイ

   上のテーマでエッセイを書いてください。

# Part 2

## Worksheet 2

（　）の中に漢字を書いてください。そして、下線部に適当な言葉を入れてください。

1. 現在の日本では、法律的には、差別を禁止して多様性を認める＿＿＿＿＿＿＿＿＿＿＿＿＿＿＿。問題は、人々の実際の（　　）(いしき) と（　　）(たいど) です。

2. 明治以来、この国の人たちは一つの（　　）(こくみん) としてやってきました。ですので、（　　）(たよう) な人々といっしょに（　）(い) きることに（　）(な) れていません。多様性よりも「（　　）(いったい) であること」を大切にする（　　）(けいこう) があります。

3. 外国人（　　）(かんこうきゃく) は年々（　　）(ぞうか) しています。日本の大学に（　　）(りゅうがく) して、（　　）(そつぎょう) 後も、日本で（　）(く) らす人も（　）(ふ) えています。

4. 日本のいい（　）(めん) を（　　）(きゅうしゅう) しながら自分＿＿＿＿＿人生を（　　）(そうぞう) し＿＿＿＿＿＿＿＿＿＿＿＿＿＿。

5. 日本という国が、外国出身の人＿＿＿＿＿＿＿も、日本の人＿＿＿＿＿＿も、のびのびと自分＿＿＿＿＿生きられるところになればいいと思います。

156

## Grammar Summary to Unit 10 – Unit 12

### A. Grammatical phrases

#### ① 〜以来 : since 〜

(1) 男女雇用機会均等法以来、働く女性は着実に増えています。(Unit 9)

(2) 明治以来、この国はこの国を単位としてやってきました。(Unit 11)

(3) 明治以来、この国の人たちは一つの国民としてやってきました。(Unit 12)

(4) 結婚（して）以来、一度も外食 (eating out) をしたことがありません。たまには、二人で食事に行きたいです。

(5) 設立 (establishment) 以来、わたしの会社は年々大きくなっています。

(6) 入学（して）以来、一度も学校を休んだことがありません。

#### ② 〜らしい : -ly, -ish

〜らしい entails that "the nature" of the reference is fully exerted and displayed. Some examples are 子どもらしい話し方, 学生らしい話し方, 先生らしい話し方, 子どもらしい顔, 日本人らしい顔 etc. When the nature of the reference is not exerted or displayed, they will be 子どもらしくない話し方, 学生らしくない話し方, 先生らしくない話し方, 子どもらしくない顔, 日本人らしくない顔 etc. As you might have noticed, this expression presupposes cultural stereotypes of the reference. And against these stereotypical perseptions 自分らしい or 自分らしく is often discussed.

(1) 若い人たちには自分らしい人生を創造してほしいと思っています。(Unit 12)

(2) みんながのびのびと自分らしく生きられるところになればいいと思います。(Unit 12)

(3) わたしは学校の先生ですが、先生らしい話し方は好きではありません。

(4) 昔の人はよく、男性には「男らしくしなさい」と、そして女性には「女らしくしなさい」と言いました。今は、そんなことを言う人は少ないです。

### B. Subordinate clause structures

#### ① 〜のではなく : not … (but 〜)

(1) ただ目の前の仕事をこなすのではなく、仕事を通していろいろなことを学ぶことが重要です。(Unit 8)

**157**

(2) この国で生きる人たちがもともとそういう人たちだった**のではなく**、これらの性質は歴史を通して作られました。(Unit 11)

(3) 文法を知ろうとする**のではなく**、いろいろな文脈 (context) で使われる言葉遣い (wording) をたくさん覚えるのが、日本語習得の早道 (easy and effective way) です。

## C. Sentence-ending phrases

1 …わけではありません／…つもりはありません／…ように思います／…と見るべきでしょう／

…ことになっています／…ことを期待しています

These sentence-ending phrases are also often used in argumentative discourses in addition to the ones you studied in the previous Grammar Summary.

**(a) …わけではありません：it doesn't mean that …**

かれらは新しい生きる場所を日本に求めた**わけではありません**。(Unit 10)

**(b) …つもりはありません：I don't intend to ~**

ここでステレオタイプ的な文化論を展開する**つもりはありません**。(Unit 11)

**(c) …ように思います：it is strongly suggested that …**

日本人の間には多様性を超えた共通の性質のようなものがある**ように思います**。

(Unit 11)

**(d) …と見るべきでしょう：we should consider that …**

これらの性質は、過去150年の歴史を通して作られた**と見るべきでしょう**。(Unit 11)

**(e) …ことになっています：it is assumed that …**

現在の日本では、法律的には、差別を禁止して多様性を認める**ことになっています**。

(Unit 12)

**(f) …ことを期待しています：I expect that …**

わたしは、外国出身の若い人たちがたくさん、日本の社会で暮らしてくれる**ことを期待しています**。(Unit 12)

158

# 発音④ | 複合動詞 (compound verb) etc.

Practice saying the following words or phrases paying particular attention to the intonation patterns.

1. ～方　　　　　　　　　　　　　　　　　　　　　　　　　　　no.46

　かんじのよみかた　　　かんじのかきかた　　　にほんごのはなしかた
　漢字の読み方　　　　　漢字の書き方　　　　　日本語の話し方

2. ～始める、～続ける、～終わる　　　　　　　　　　　　　　　no.47

　じゅうにじにたべはじめました。そして、さんじにたべおわりました。
　12時に食べ始めました。そして、3時に食べ終わりました。

　わたしたちは、さんじかん、たべつづけました。
　わたしたちは、3時間、食べ続けました。

3. ～込む　　　　　　　　　　　　　　　　　　　　　　　　　no.48

(1)
　きょういくシステムをけいえいシステムにくみこんでいます。
　教育システムを経営システムに組み込んでいます。

(2)
　わたしは、こうこうをそつぎょうしてから、にほんというあたらしいせかいに
　わたしは、高校を卒業してから、日本という新しい世界に

　とびこみました。
　飛び込みました。

159

# Grammar Notes

The following five grammatical features are selected and explained in here. These grammatical features recurring across different discourses need special attention.

Each of them are to be studied at a particular point indicated with 〔 〕 within Part 2 of "NIJ." And also when they appear in the Conversations or Lectures in "NIJ," they are indicated by means of abbreviations with particular prompts to understand it in a bracket as shown below.

〔Unit it should be studied〕　abbreviation (prompt to understand)

1. Passive Expressions 〔Unit 1〕 → GN1 (passive)

2. ～ていく 〔Unit 2〕 → GN2 (outboundly), GN2 (toward the future)

3. ～てくる 〔Unit 3〕 → GN3 (inboundly), GN3 (past to present)

4. Causative Expressions 〔Unit 4〕 → GN4 (causative)

5. Volitional Expressions 〔Unit 9〕 → GN5 (volitional)

In the following explanations and in the annotation to the text, "dic." means dictionary form.

## 1. Passive Expressions

As you are more or less familiar with them, passive expressions can be categorized in two types. The first type expresses that **someone recieves another person's action**. The action can be psychological or verbal (passive expression A). Also, it can be physical (passive expression B). Another type of passive expression is the "**intelligent passive**" (passive expression C). Some examples of each kind are shown below.

### Type 1

#### (a) Passive expression A — receiving another person's psychological or verbal action

1. 子どものとき、わたしはよく勉強しました。それで、よく父に**ほめられました**。
　　　　　　　　　　　　べんきょう　　　　　　　　　　└ ほめ~~る~~＋られる

2. 弟は、ゲームばかりしていました。それで、よく母に**しかられました**。
　おとうと　　　　　　　　　　　　　　　　　　　└ しかられる←しから~~ない~~← dic. しか<u>る</u>

3. 大学院生のときは、よく先生から仕事を**頼まれました**。論文 (theses, papers) のコピーや英
　　いんせい　　　　　　　　　　たの　　　　　　　　　　ろんぶん
　　　　　　　　　　　　しごと └ 頼まれる←頼ま~~ない~~← dic. 頼<u>む</u>

語のチェックをよく**頼まれました**。そして、よくお酒に**誘われました**。
　　　　　　　　　　　　　　　　　　　さけ　　そそ
　　　　　　　　　　　　　　　　└ 誘われる←誘わ~~ない~~← dic. 誘<u>う</u>

160

4. 日本人は、欧米の人たちから、「ワーカホリック」と**言われました**。(Unit 9)

└言われる←言わ~~ない~~← dic. 言う

## (b) Passive expression B — receiving another person's physical action

1. わたしは、飛行機の中で、女の人に足を**ふまれました**。

└ふまれる←ふま~~ない~~← dic. ふむ

2. 妹は、ホテルでサイフを**盗まれました**。

└盗まれる←盗ま~~ない~~← dic. 盗む

3. 学校に行くとき、リさんは犬に**ほえられました**。(Unit 9 の Conversation 1)

└ほえ~~る~~+られる

4. 教室に蚊がいました。わたしも、友だちも、足や手を蚊に**さされました**。

└さされる←ささ~~ない~~← dic. さす

(Unit 9 の Conversation 1)

## Type 2

## (c) Passive expression C — intelligent passive

1. 日本では、昔から日本語が**話されています**。

└話される←話さ~~ない~~← dic. 話す

2. 日本語では、ひらがなと、カタカナと、漢字が**使われています**。

└使われる←使わ~~ない~~← dic. 使う

3. ひらがなとカタカナは、漢字から**作られました**。

└作られる←作ら~~ない~~← dic. 作る

4. 学校では、子どもたちは、年齢別の集団に**分けられます**。(Unit 5)

└分け~~る~~+られる

5. 学校では、一定のメニューの授業が**行われます**。(Unit 5)

└行われる←行わ~~ない~~← dic. 行う

6. 企業の自由な活動が**行われる**ことで、競争が**促進されます**。そして、適正な価格も**実現**

└行わ~~ない~~← dic. 行う　　　　└する

**されます**。(Unit 7)

└する

7. 企業は常に厳しい競争に**さらされています**。(Unit 7)

└さらされる←さらさ~~ない~~← dic. さらす

8. 日本人の長時間労働は、かなり**改善されました**。(Unit 9)

└する

9. 現代の社会では、みんな、平等な責任ある個人として**扱われます**。(Unit 11)

└扱われる←扱わ~~ない~~← dic. 扱う

**161**

Be aware that inflectional verbs (*u*-verbs or group 1 verbs) change into ない-form in order to form passive phrase. In case of stem verbs (*ru*-verbs or group 2 verbs), all you have to do is to delete the final る and add られる. And in case of する, just change it into される.

While type 1 passive expressions are often used in daily converations and you should be familiar with them, type 2 ones are broadly used in elaborate intellectual discourses. Hence, more examples belonging to type 2 are shown and explained below.

## A.　創造　(creation, construction), 発見　(discovery), 発明　(invention), etc.

1. 大阪城 (Osaka castle) は、豊臣秀吉によって**建てられました**。
    └建て<s>る</s>＋られる

2. アメリカは、コロンブスによって**発見されました**。
    └する

3. 重力 (gravitation) は、アイザック・ニュートンによって**発見されました**。
    └する

4. 電球 (light bulb) は、エジソンによって**発明されました**。
    └する

5. 電話は、グラハム・ベルによって**発明されました**。
    └する

## B.　it is said/written/assumed that …

1. 日本の雇用制度は終身雇用だと**言われています**。(Unit 9)
    └言われる←言わ<s>ない</s>← dic. 言う

2. 憲法第 9 条 (Article 9 of the Constitution) には、日本は軍隊 (army) を持たないと**書かれています**。
    └書かれる←書か<s>ない</s>
    ← dic. 書く

3. 企業間の競争の結果、技術革新も進む、と**考えられています**。(Unit 7)
    └考え<s>る</s>＋られる

4. 今でも日本の会社では残業が多いと**言われています**。(Unit 9)
    └言われる←言わ<s>ない</s>← dic. 言う

## C.　is required to ～

1. 今の日本の会社では、英語ができることが**期待されています**。
    └する

2. 社会の変化とともに、人間も変化することが**求められています**。(Unit 5)
    └求め<s>る</s>＋られる

3. 日本の会社では、会社に忠誠を尽くすことが**求められます**。(Unit 8)
    └求め<s>る</s>＋られる

162

## 2. ～ていく

～ていく do not add any substantial meaning to the sentence. It indicates that the action or event occurs continuously and it occurs from the current point to a distance in space (here to away) or time (present to future). As you may have guessed, いく in ～ていく is derived from 行く. Study the examples below.

1. ドアを開けると、うちの犬は外に出て、走っていきました。

2. わたしにぶつかった自転車 (the bicycle that bumped into me) は、何も言わないで、走っていきました。

3. たくさんの人たちがこのようなサイクルの中で、生まれて、育って、結婚して、子どもを育てて、そして、死んでいきました。(Unit 3)

4. 人間は、生産・生活様式を歴史的に改変していく動物です。(Unit 2)

The kind of use exemplified in 1-3 is prompted as "**outboundly**", and the kind of use in 4 is prompted as "**toward the future**" in the Conversations and Lectures in "NIJ."

## 3. ～てくる

～てくる do not add any substantial meaning to the sentence. It indicates that the action or event occurs continuously and it occurs from a distance to the current point in space (away to here) or time (past to present). As you may have guessed, くる in ～てくる is derived from 来る. Study the examples below.

1. 友だちと歩いていると、向こうから大きい犬が走ってきました。こわかったです。

2. 父は仕事でよく日本に行きました。帰ってくるときは、いつもお土産を買ってきました。
(Unit 4 の Conversation 2)

3. 農村では、このようなサイクルの暮らしが何百年あるいは千年以上も続いてきました。
(Unit 3)

4. 社会の変化とともに、人間も変化することが求められてきました。(Unit 5)

The kind of use exemplified in 1 and 2 is prompted as "**inboundly**", and the kind of use in 3 and 4 is promted as "**past to present**" in the Conversations and Lectures in "NIJ."

## 4. Causative Expressions

As you learned in elementary Japanese, causative expressions presupposes asymmetrical power relations between person A and person B. And a causative expression means "A make B do something" or "A allows/permits B to do something" depending on the context. In the examples below <person A> is the mother (母), the father (父) or the teacher (先生). Study the examples.

**163**

1. 弟は野菜がきらいでした。でも、母は弟に野菜を**食べさせました**。
   └食べ<del>る</del>＋させる

   弟はハンバーガーが好きでした。でも、母はハンバーガーを**食べさせませんでした**。

2. 弟は牛乳がきらいでした。でも、母は弟に牛乳を**飲ませました**。
   └飲ませる←飲ま<del>ない</del>← dic. 飲む

   弟はコーラが好きでした。でも、母はコーラを**飲ませませんでした**。

3. 弟は勉強があまり好きではありませんでした。でも、父は弟に**勉強させました**。
   └する

4. 先生は学生にたくさん漢字を**覚えさせました**。そして、毎週、エッセイを
   └覚え<del>る</del>＋させる

   **書かせました**。
   └書かせる←書か<del>ない</del>← dic. 書く

Be aware that inflectional verbs (*u*-verbs or group 1 verbs) change into ない-form in order to form causative phrase. In case of stem verbs (*ru*-verbs or group 2 verbs), all you have to do is to delete the final る and add させる. And in case of する, just change it into させる.

Also study the following examples that you find in the Lecture.

5. 親は、子どもに本を読んで**聞かせます**。(Unit 4)
   └聞かせる←聞か<del>ない</del>← dic. 聞く

6. ひらがなやカタカナの練習も**させます**。(Unit 4)
   └する

7. 学校は、子どもに社会人として必要な基礎的な知識と技能を**学ばせる**ところです。(Unit 4)
   └学ば<del>ない</del>← dic. 学ぶ

## 5. Volitional Expressions

You should be familiar with such expressions as 行きましょう (let's go), 食べましょう (let's eat), 飲みましょう (let's drink), 始めましょう (let's begin), etc. These expressions corresspond to volitional forms such as 行こう, 食べよう, 飲もう and 始めよう. They expresses **will** or **volition** of the speaker. Study the following examples from the Conversation.

1. マレーシアに行ったら、サバにも**行こうと思っています**。(Unit 3 の Conversation 2)

2. マラッカとジョホール・バルにも**行こうと思っています**。(Unit 4 の Conversation 1)

3. マレーシアのことは、夏に行くまでに、もっと**勉強しようと思っています**。

(Unit 4 の Conversation 1)

The use and meaning of 〜うと思っています is adjacent to 〜たいと思っています. While 〜

たいと思っています expresses desire of the speaker, 〜うと思っています simply means they are thinking of the action.

Other expressions in which volitional form is used are explained below.

## (a) 〜ようと思う：make up one's mind to 〜

1. リさんは、なぜ日本に**留学しよう**と思ったんですか。（Unit 4 の Conversation 1）

2. わたしは、説明を、全部しっかり**理解しよう**と思って、聞いていました。
（Unit 6 の Conversation 2）

3. 小説を**書こう**と思いましたが、なかなかいいアイデア（idea）が出てきませんでした。

4. 家を**買おう**と思いましたが、ぜんぜんお金が足りませんでした。

5. 大学を卒業したら**留学しよう**と思いましたが、両親が反対したので、できませんでした。

6. 大学では、いろいろな見方や考え方を**勉強しよう**と思います。（Unit 10 の Conversation 2）

7. 一度日本を**出てみよう**、マレーシア語の国に**行ってみよう**と思いました。
（Unit 11 の Conversation 1）

8. 大学にもどったら、また、中田くんに**会おう**と思います。（Unit 12 の Conversation 2）

## (b) 〜ようとする：try to 〜 , work hard to 〜

1. 漢字の宿題がたくさんありました。全部**覚えよう**としましたが、覚えられませんでした。

2. **寝よう**としましたが、コーヒーを飲んだので、寝られませんでした。

3. 日本人は「みんな」でこの国を造り**発展させよう**としました。（Unit 11）

# Word List with Translations
## 対訳語彙リスト

- Listed below are words appearing in Conversations and Lectures of "NIJ" that are beyond N4 of JLPT are listed here.
- Words indicated with "＊" are not listed in the vocabulary list of JLPT.
- 1-C＝Unit 1, Conversation / 1-L＝Unit 1, Lecture

| Words | English | Unit |
|---|---|---|
| **あ** | | |
| ＊IT | information technology | 7-C |
| 当たり前の | obvious | 6-C |
| 扱う | treat, deal with | 11-L |
| あてる | call on | 9-C |
| ＊アニメ | animation | 4-C, 7-C |
| ある〜 | a certain ~ | 9-L |
| あるいは | or | 3-L, 4-L, 5-L |
| **い** | | |
| 生き方 | way of living | 2-L, 6-L, 10-L |
| ＊生き残る | survive | 7-L |
| 育児 | parenting, childcare | 9-L |
| 育成（する） | educate, train, develop | 4-L, 8-L |
| ＊いくつか | some | 7-C, 12-C |
| 意識 | consciousness, awareness, sense,mind | 11-L, 12-L |
| ＊イスラム教 | Islam, Muslim | 4-C, 7-C |
| 依存（する） | depend on, rely on | 6-L |
| 一概に…ない | not always, not necessarily | 7-L |
| ＊一丸となる | be banded together | 7-L |
| ＊一人前 | grown-up, adult, independed individual | 3-L, 4-L |
| 一体 | one body, be united | 3-L, 12-L |
| ＊一体感 | sense of unity | 5-L, 8-L |
| 一定の | fixed | 5-L |
| 一方（で） | on the other hand | 7-L, 8-L, 9-L, 11-L |
| ＊イヌイット | Inuit | 2-L |
| 稲 | rice plant | 3-L |
| ＊稲刈り | rice reaping, rice harvesting | 3-L |
| ＊イノシシ | (wild) boar | 1-L |
| ＊今のところ | for now, currently | 3-C |
| 移民 | immigrants | 11-C |
| ＊イモ | potato | 2-L |
| 以来 | since | 9-L, 11-L, 12-C, 12-L |
| 岩 | rock | 5-C |

| Words | English | Unit |
|---|---|---|
| いわば | in a sense, so to speak | 10-L |
| ＊インフォーマルに | informally | 8-L |
| **う** | | |
| 動き | movement, trend | 9-L |
| ＊生まれ育つ | born and raised | 10-L, 11-C |
| 運命 | fate, destiny | 11-L |
| **え** | | |
| ＊エアコン | air conditioner | 4-C |
| ＊駅前 | in front of the station | 12-C |
| ＊エコノミック・アニマル | economic animal | 9-L |
| ＊江戸時代 | Edo period | 11-L |
| 得る | get, acquire, gain | 6-L |
| **お** | | |
| 追いかける | chase | 9-C |
| ＊王家 | royal family | 4-C |
| ＊王国 | kingdom | 4-C |
| 欧米 | Europe and America | 9-L |
| 終える | finish, put an end, complete | 9-L |
| ＊多かれ少なかれ | more or less | 8-L |
| ＊多すぎる | too much | 6-C |
| ＊お客さま | guest | 1-C |
| ＊お客さん | guest | 1-C, 8-C |
| ＊奥地 | far reaches, the innermost | 2-L |
| ＊おこづかい | pocket money | 5-C |
| ＊おじいちゃん | grandpa | 3-C |
| 落ち込む | feel down, feel depressed | 9-C |
| お手伝い | help | 4-C |
| ＊お寺 | temple | 4-C, 8-C |
| ＊おばあちゃん | grandma | 3-C |
| オフィス | office | 4-C |
| ＊お待たせする | keep someone waiting | 3-C |
| ＊お土産 | souvenirs | 4-C |
| 親 | parents | 4-L |
| ＊オランウータン | orangutan | 5-C |
| オリエンテーション | orientation | 6-C |

**166**

| 温泉 おんせん | hot spring | 8-C |
|---|---|---|

**か**

| 蚊 か | mosquito | 9-C |
|---|---|---|
| *開港（する） かいこう | open as an international port | 8-C |
| *外国出身者 がいこくしゅっしんしゃ | people with foreign roots | 10-L, 12-L |
| *懐石料理 かいせきりょうり | tea-ceremony dishes | 4-C |
| 改善（する） かいぜん | improve | 9-L |
| 階層 かいそう | rank, class | 7-C, 11-L |
| *快速 かいそく | rapid train | 12-C |
| 開拓（する） かいたく | pioneer, reclaim, develop | 4-L |
| *開拓者 かいたくしゃ | pioneer | 10-L |
| *ガイダンス | guidance | 6-C |
| 快適な かいてき | comfortable, pleasant | 5-L |
| ガイド | (mountain) guide | 3-C |
| 開発（する） かいはつ | develop | 5-C, 7-L |
| *改変（する） かいへん | change, modify | 2-L |
| 飼う か | raise, keep, grow | 2-L |
| 価格 かかく | price | 7-L |
| 化学 かがく | chemistry | 7-C |
| 革新 かくしん | innovation | 7-L |
| 過去 かこ | past | 5-L, 6-L, 11-L |
| 家事 かじ | housework | 9-L |
| 稼ぐ かせ | earn | 6-L |
| *勝ち抜く かぬ | win out | 7-L |
| がっかりする | feel disappointed | 12-C |
| 活動（する） かつどう | operate, act | 1-L, 6-L, 7-L |
| *カップル | couple | 9-L |
| 過程 かてい | process, course | 4-L |
| 家庭 かてい | home | 9-L |
| かなり | fairly, quite | 1-C, 9-L, 10-C |
| かぶる | have ~ on | 12-C |
| 神様 かみさま | god | 3-L |
| 科目 かもく | school subject | 4-L |
| かゆい | itchy | 9-C |
| *カリキュラム | curriculum | 6-C |
| *かれらの | their | 2-L, 10-L |
| 考え かんが | idea, opinion | 7-C |
| 考え方 かんが かた | way of thinking, view | 7-L, 9-L, 10-C |
| 感覚 かんかく | sense, sentiment | 6-L |
| 環境 かんきょう | environment, surroundings | 2-L, 3-L |
| 観光 かんこう | sightseeing | 1-C |
| *観光客 かんこうきゃく | tourist | 12-L |
| 感じ かん | feeling, impression, touch | 4-C, 8-C, 10-C, 11-C |
| 感謝（する） かんしゃ | thank, express gratitude | 3-L |

| 慣習 かんしゅう | custom, customary practice, convention | 6-L |
|---|---|---|
| 慣習化（する） かんしゅうか | be habitualized, be conventionalized | 1-L |
| 感じる かん | feel, sense | 4-C |
| 関心 かんしん | concern, interest | 5-L, 11-C |
| *管理職 かんりしょく | executive officer | 9-L |

**き**

| *聞かせる き | let someone hear | 4-L, 8-C |
|---|---|---|
| *気がつく き | notice, become aware | 12-C |
| 期間 きかん | period, term | 11-C |
| *聞き取る き と | listen, catch | 6-C |
| 企業 きぎょう | company, corporation | 6-L, 7-L, 8-L |
| 技術 ぎじゅつ | technology | 7-C, 7-L |
| 基礎的な きそてき | basic, fundamental | 4-L |
| 期待（する） きたい | expect | 12-L |
| 帰宅 きたく | go home | 9-L |
| 几帳面な きちょうめん | methodical, meticulous | 11-L |
| きつい | hard | 9-C |
| *気づく き | notice, realize | 10-L |
| 技能 ぎのう | skill | 7-L |
| 基本的な きほんてき | basic | 7-L, 8-L |
| *義務教育 ぎむきょういく | compulsory education | 4-L |
| 逆に ぎゃく | on the contrary, in reverse | 4-L, 10-C |
| *ギャップ | gap | 2-L |
| キャリア | career | 6-L |
| キャンパス | campus | 10-C |
| 休憩 きゅうけい | break (time), rest | 12-C |
| 吸収（する） きゅうしゅう | absorb, learn | 12-L |
| 給与 きゅうよ | pay, salary | 8-L |
| 給料 きゅうりょう | salary | 7-L |
| 驚異的な きょういてき | astounding, astonishing, incredible | 5-L |
| 行事 ぎょうじ | event | 10-C |
| 共通の きょうつう | common, mutual | 11-L |
| *共有（する） きょうゆう | share | 11-L |
| 協力（する） きょうりょく | cooperate, collaborate | 1-L |
| 漁村 ぎょそん | fishing village | 3-L |
| 禁じる きん | prohibit | 11-L |
| 近代（の） きんだい | modern | 11-L |
| 近代化（する） きんだいか | modernize | 4-L |
| 近代的な きんだいてき | modern | 2-C, 4-L, 5-L |
| 勤勉な きんべん | hard-working | 4-C |

**く**

| 国々 くにぐに | countries | 7-C |
|---|---|---|

**167**

| | | |
|---|---|---|
| 組み込む<br><small>く こ</small> | integrate | 3-L, 8-L |
| 暮らし<br><small>く</small> | living, life | 3-L |
| 暮らす<br><small>く</small> | live, live life, make living | 3-L, 11-C, 11-L, 12-L |
| *黒船<br><small>くろふね</small> | "blackship", steam ship | 8-C |

**け**

| | | |
|---|---|---|
| ～系<br><small>けい</small> | ~ origin | 1-C, 3-C, 7-C |
| 経営（する）<br><small>けいえい</small> | lanage, run | 1-C, 8-L |
| 傾向<br><small>けいこう</small> | tendency, disposition, trend | 12-L |
| *経済学<br><small>けいざいがく</small> | economics | 1-C |
| 経済的に<br><small>けいざいてき</small> | economically | 11-C |
| 結果<br><small>けっか</small> | result | 7-L |
| けっこう | fairly, quite | 6-C, 8-C, 12-C |
| 言語<br><small>げん ご</small> | language | 1-C, 1-L, 8-C, 11-C |
| 現在<br><small>げんざい</small> | present, current; nowadays | 2-L, 7-L, 9-L, 11-L, 12-L |
| 原始（の）<br><small>げん し</small> | primitive | 2-L |
| 現代<br><small>げんだい</small> | modern | 4-L, 7-L, 11-L |
| *現代社会<br><small>げんだいしゃかい</small> | modern society | 1-L, 5-L, 6-C |
| *剣道<br><small>けんどう</small> | *Kendo* | 11-C |

**こ**

| | | |
|---|---|---|
| ～後<br><small>ご</small> | after ~ | 7-C, 12-L |
| *工学部<br><small>こうがく ぶ</small> | faculty of engineering, department of engineering | 1-C, 2-C, 7-C |
| *工業社会<br><small>こうぎょうしゃかい</small> | industrial society | 5-L |
| *交錯（する）<br><small>こうさく</small> | mingle | 7-C |
| *高層ビル<br><small>こうそう</small> | skyscraper | 2-C |
| 高度な<br><small>こう ど</small> | advanced | 7-C |
| 高度に<br><small>こう ど</small> | highly | 2-L, 3-L |
| *公用語<br><small>こうようご</small> | official language | 3-C |
| 超える<br><small>こ</small> | go beyond, go over | 5-L, 11-L |
| 声をかける<br><small>こえ</small> | call, talk to | 10-C |
| *コーディネート<br>（する） | coordinate | 1-L |
| ゴール | goal | 6-L |
| ごく | very | 3-L, 6-L, 8-C |
| 国籍<br><small>こくせき</small> | nationality | 11-L |
| 国民<br><small>こくみん</small> | people, nation | 11-L, 12-L |
| 個々の<br><small>ここ</small> | each, individual | 11-L |
| 個人<br><small>こ じん</small> | individual, each person | 7-L, 8-L, 11-L |
| 個性<br><small>こ せい</small> | personality, individuality | 11-L |
| *子育て<br><small>こそだ</small> | nurturing, paretal care | 9-L |
| 異なる<br><small>こと</small> | different | 2-L |
| 断る<br><small>ことわ</small> | refuse, decline | 10-C |
| *こなす | handle, manage | 8-L |

| | | |
|---|---|---|
| *～コマ | ~ class(es) | 11-C |
| 雇用<br><small>こ よう</small> | employment | 6-L |
| これら | these | 11-L |
| 今回<br><small>こんかい</small> | this time | 12-C |
| *コンサルタント | consultant | 1-C, 4-C |

**さ**

| | | |
|---|---|---|
| サークル | club, group activity | 10-C |
| サービス | service | 5-L |
| サイクル | cycle | 3-L |
| 採集<br><small>さいしゅう</small> | gathering, collecting | 2-L |
| 採用（する）<br><small>さいよう</small> | employ, adopt | 6-L |
| サイン | sign, signature, signal | 1-L |
| 先<br><small>さき</small> | end, tip | 8-C |
| *鎖国<br><small>さ こく</small> | national seclusion | 8-C |
| さす | bite | 9-C |
| 差別（する）<br><small>さ べつ</small> | discriminate | 11-L, 12-L |
| さまざまな | various, different | 2-L, 4-L, 6-L |
| *さらす | expose | 7-L |
| さらに | furthermore | 4-L |
| さわやかな | cool, fine-looking | 10-C |
| *残業<br><small>ざんぎょう</small> | overtime work | 9-L |
| *さんざんな | terrible, disastrous | 9-C |
| 算数<br><small>さんすう</small> | algebra | 4-L |
| 賛成（する）<br><small>さんせい</small> | agree | 7-C |

**し**

| | | |
|---|---|---|
| *CG | computer graphics | 7-C |
| *シカ | deer | 2-L |
| しかしながら | however | 5-L, 11-L |
| 時期<br><small>じ き</small> | time, period | 10-L |
| *自己主張<br><small>じ こ しゅちょう</small> | self-assertion | 11-L |
| *施策<br><small>し さく</small> | measures and policies | 9-L |
| *自社の<br><small>じ しゃ</small> | company's own | 6-L |
| 市場<br><small>し じょう</small> | market | 7-L |
| 自信<br><small>じ しん</small> | confidence | 12-C |
| システム | system | 7-C, 8-L |
| 実現（する）<br><small>じつげん</small> | realize | 7-L |
| 実際の<br><small>じっさい</small> | actual | 12-L |
| 実施（する）<br><small>じっ し</small> | carry out | 9-L |
| 実は<br><small>じつ</small> | actually | 2-C, 11-C |
| しばしば | often, frequently | 8-L, 11-L |
| *自分自身<br><small>じ ぶんじ しん</small> | oneself | 2-L |
| *自分自身で<br><small>じ ぶんじ しん</small> | by oneself | 11-C |
| *字幕<br><small>じ まく</small> | subtitle | 4-C |
| 字幕付き<br><small>じ まくつ</small> | subtitled | 4-C |

| | | |
|---|---|---|
| ○○社<br>しゃ | ○○ company | 5-L, 8-L |
| ～者<br>しゃ | ~ person | 4-L, 6-L |
| *社員<br>しゃいん | employee, staff | 5-L, 6-L, 7-L, 8-L |
| *社会階層<br>しゃかいかいそう | social strata, social class | 7-C, 11-L |
| *社内<br>しゃない | within the company | 8-L |
| 週<br>しゅう | week | 9-L |
| 収穫<br>しゅうかく | harvest | 3-L |
| 宗教<br>しゅうきょう | religion | 7-C, 11-L |
| 集合<br>しゅうごう | gathering | 12-C |
| 従事（する）<br>じゅうじ | engage in | 7-L |
| *自由主義経済<br>じゆうしゅぎけいざい | free economy | 7-L |
| 就職（する）<br>しゅうしょく | find and get a job | 6-L, 7-L, 8-L |
| *終身雇用<br>しゅうしんこよう | life-time employment | 6-L |
| *重大事<br>じゅうだいじ | very important matter | 6-L |
| 集団<br>しゅうだん | group | 1-L, 5-L |
| 終点<br>しゅうてん | last stop | 12-C |
| 重要な<br>じゅうよう | important | 2-L, 4-L, 6-C, 8-L, 10-L |
| *授業登録<br>じゅぎょうとうろく | course registration | 6-C, 9-C |
| 主食<br>しゅしょく | staple food | 3-C |
| ～出身<br>しゅっしん | from ~ | 1-C, 12-L |
| *主夫<br>しゅふ | house man, househusband | 9-L |
| *狩猟<br>しゅりょう | hunting | 2-L |
| 種類<br>しゅるい | type, kind, sort | 10-L, 11-C |
| 状況<br>じょうきょう | situation | 1-L, 3-L, 5-L, 6-L, 10-L |
| 生じる<br>しょう | arise, happen | 3-L |
| 昇進<br>しょうしん | promotion | 8-L |
| *少数民族<br>しょうすうみんぞく | minority race | 3-C |
| 情報<br>じょうほう | information | 5-L, 6-C |
| 条約<br>じょうやく | treaty | 8-C |
| 職<br>しょく | job, work | 6-L |
| *食材<br>しょくざい | foodstuff | 6-C |
| ショックな | shock | 10-L |
| *シラバス | syllabus | 6-C |
| 自立（する）<br>じりつ | become independent | 11-C |
| 私立の<br>しりつ | private (school) | 7-C |
| *思慮深い<br>しりょかい | judicious, reflective, considerate, sensitive | 11-L |
| 進学（する）<br>しんがく | advance, go on to (higher school) | 4-L, 7-C |
| 人材<br>じんざい | human resources | 4-L, 8-L |
| 進出（する）<br>しんしゅつ | advance | 7-C, 9-L |
| 人生<br>じんせい | life, one's life | 6-L, 10-C, 10-L, 12-L |
| 親戚<br>しんせき | relatives | 5-C |

| | | |
|---|---|---|
| *新卒（者）<br>しんそつ　しゃ | new graduate | 6-L |
| 新入生<br>しんにゅうせい | freshmen, new student | 9-C |
| *新入部員<br>しんにゅうぶいん | new member of a club | 12-C |
| 人類<br>じんるい | human kind | 3-L |

**す**

| | | |
|---|---|---|
| *水族館<br>すいぞくかん | aquarium | 5-C |
| 水田<br>すいでん | paddy field | 3-L |
| 吸う<br>す | breathe, inhale, absorb | 10-C |
| 数字<br>すうじ | number, figure | 9-L |
| スカーフ | scraf | 5-C |
| *すくすく | quickly and healthily | 3-L |
| 過ごす<br>す | spend (time) | 5-L, 10-L |
| 進める<br>すす | proceed, move something forward, advance something forward | 9-L, 11-C |
| スタイル | style | 9-L |
| すてきな | nice, gorgeous, beautiful, charming, attractive | 4-C, 5-C, 10-C |
| すでに | already | 4-L, 10-L |
| *ステレオタイプ的な<br>てき | stereotypical | 11-L |
| *ストレッチ | stretching | 12-C |
| すべて | all | 4-L |
| *スマホ | smartphone | 9-C |

**せ**

| | | |
|---|---|---|
| *生活様式<br>せいかつようしき | lifestyle | 2-L |
| ～世紀<br>せいき | ~ century | 4-C |
| 製作<br>せいさく | production | 7-C |
| 性質<br>せいしつ | nature, character, trait | 11-L |
| 精神的に<br>せいしんてき | mentally, pyschologically, spiritually | 11-C |
| 制度<br>せいど | system | 6-L, 7-C, 7-L |
| 性別<br>せいべつ | gender | 11-L |
| 背負う<br>せお | shoulder, bear | 10-L |
| *世界遺産<br>せかいいさん | World Heritage | 4-C |
| 世界的に<br>せかいてき | globally | 7-L, 11-L |
| *責任ある<br>せきにん | responsible | 11-L |
| *石器時代<br>せっきじだい | stone age | 2-L |
| 積極的に<br>せっきょくてき | in a positive manner, actively | 6-L, 8-L |
| 接する<br>せっ | have contact with | 10-L |
| セミ | cicada | 2-L |
| *前回<br>ぜんかい | last time, in the previous ~ | 10-L |
| 全体<br>ぜんたい | the whole | 9-L |
| *全体像<br>ぜんたいぞう | wholc picture | 3-L |
| 先頭<br>せんとう | front, lead, head (of the line) | 12-C |
| *専門職<br>せんもんしょく | specialist personnel | 9-L |

| | | |
|---|---|---|
| *洗練された<br>せんれん | sophisticated | 1-L |
| **そ** | | |
| *そういう | that kind of | 11-L |
| 増加（する）<br>ぞうか | increase, rise, grow | 9-L, 12-L |
| *そうすると | as a consequence | 1-L |
| 創造（する）<br>そうぞう | create | 2-L, 12-L |
| 促進（する）<br>そくしん | promote, encourage, facilitate | 7-L |
| 続々と<br>ぞくぞく | one after another | 12-C |
| 育つ<br>そだ | grow up | 3-L |
| *その後<br>あと | after that | 12-C |
| その上に<br>うえ | on top of that | 9-C |
| *その後<br>ご | after that | 8-C |
| *そのために | in order to do so | 1-L |
| それぞれの | each, respective | 2-L |
| それで | so | 6-C, 7-C, 8-C, 9-C, 10-C, 11-C |
| それでも | but, still, nevertheless | 2-L |
| それに | moreover | 6-C, 9-C |
| *それら | these | 1-L, 11-L |
| 尊重（する）<br>そんちょう | respect | 11-L |
| **た** | | |
| 田<br>た | rice paddy | 3-L |
| *対価<br>たいか | compensation | 7-L |
| 大学院<br>だいがくいん | graduate school | 1-C |
| 大学院生<br>だいがくいんせい | graduate student | 1-C |
| *大企業<br>だいきぎょう | large company | 6-L, 8-L |
| *第三次産業<br>だいさんじさんぎょう | tertiary industry | 5-L |
| 態度<br>たいど | attitude, behavior | 12-L |
| 大統領<br>だいとうりょう | president | 8-C |
| *大都市<br>だいとし | big city | 4-C |
| タイトル | title, theme | 1-L |
| 大半の～<br>たいはん | most of ~ | 5-L |
| 大部分<br>だいぶぶん | greater part | 6-L |
| *大部分の～<br>だいぶぶん | greater part of ~ | 5-L |
| *～代目<br>だいめ | ~th generation | 1-C |
| 体力<br>たいりょく | strength, stamina | 12-C |
| 田植え<br>たう | rice-planting | 3-L |
| *田起こし<br>たお | rice paddy plowing | 3-L |
| 互い<br>たが | each other | 11-L |
| 助ける<br>たす | help, assist, support | 5-C |
| ただ | simply | 8-L |
| *脱工業社会<br>だつこうぎょうしゃかい | post-industrial society | 5-L |
| *多民族の～<br>たみんぞく | multiethnic | 3-C, 11-C |
| *多様性<br>たようせい | diversity, variety, differences | 11-L, 12-L |

| | | |
|---|---|---|
| 多様な<br>たよう | various, diverse, different kinds of ~ | 9-L, 11-L, 12-L |
| *誰も<br>だれ | nobody | 3-L |
| 単位<br>たんい | unit | 7-L, 11-L |
| 段階<br>だんかい | stage | 5-L |
| *男女<br>だんじょ | man and woman, man or woman | 9-L |
| 誕生<br>たんじょう | birth | 1-L |
| *男女共同参画<br>社会<br>だんじょきょうどうさんかく<br>しゃかい | gender-equal society | 9-L |
| *男女雇用機会均<br>等法<br>だんじょこようきかいきん<br>とうほう | Equal Employment Opportunity Law | 9-L |
| 担当<br>たんとう | in charge of ~ | 1-C |
| 田んぼ<br>た | rice field | 8-C |
| **ち** | | |
| 地域<br>ちいき | region | 11-C, 11-L |
| チーム | team | 8-L |
| チームワーク | teamwork | 8-L |
| *チェックイン・<br>カウンター | check-in counter | 5-C |
| 違い<br>ちが | difference | 1-L, 2-L |
| 地区<br>ちく | district | 5-C |
| 知識<br>ちしき | knowledge | 4-L, 5-L, 6-L, 7-L |
| 秩序<br>ちつじょ | order | 11-L |
| *着実に<br>ちゃくじつ | steadily | 9-L |
| 中学<br>ちゅうがく | junior high school | 1-C, 11-C |
| 中心<br>ちゅうしん | center | 3-L, 5-L |
| *忠誠<br>ちゅうせい | loyality, allegiance | 8-L |
| ～長<br>ちょう | head of ~, chief of the ~ | 1-C |
| チョウ | butterfly | 2-L, 5-C |
| 調査<br>ちょうさ | survey, investigation | 9-L |
| *長時間労働<br>ちょうじかんろうどう | long working hours | 9-L |
| 頂上<br>ちょうじょう | top, peak | 5-C, 12-C |
| **つ** | | |
| 継ぐ<br>つ | inherit | 1-C |
| 尽くす<br>つ | devote | 8-L |
| 造る<br>つく | build (a ship, tunnel, country, etc.) | 11-L |
| 常に<br>つね | always, all the time | 7-L |
| つまり | in other words, to sum up | 2-L, 3-L, 8-L, 11-L |
| 梅雨<br>つゆ | Japanese rainy season | 3-L |
| 強み<br>つよ | strong point, advantage | 8-L |
| *連れて行く<br>つい | take someone somewhere | 5-C |
| **て** | | |
| *Tシャツ | T-shirt | 10-C |

| | | |
|---|---|---|
| * 定時<br>ていじ | fixed time | 9-L |
| * 適正な<br>てきせい | proper, right | 7-L |
| ですから | so, therefore | 6-C, 7-L, 8-L,<br>9-C, 10-L |
| ですので | therefore | 1-C, 12-L |
| 手続き<br>てつづ | procedures | 6-C, 9-C |
| では | now then | 2-L |
| 展開（する）<br>てんかい | operate, extend, deploy | 7-L, 11-L |
| * 電子レンジ<br>でんし | microwave | 4-C |
| 伝統<br>でんとう | tradition | 4-C |
| * テントサイト | tent site | 12-C |

### と

| | | |
|---|---|---|
| * 同期<br>どうき | person in the same year | 8-L |
| 当時<br>とうじ | back then | 8-C |
| * 陶磁器<br>とうじき | ceramics | 8-C |
| 同時に<br>どうじ | at the same time,<br>simultaneously | 10-L |
| 当然の<br>とうぜん | natural, right | 11-C |
| * 東南アジア<br>とうなん | Southeast Asia | 8-C |
| * 動物園<br>どうぶつえん | zoo, zoological park | 5-C |
| 独自の<br>どくじ | unique, peculiar | 2-L, 7-L |
| 特定の<br>とくてい | particular | 8-L |
| ところ | place | 4-L, 5-C, 11-C,<br>12-L |
| ところで | by the way | 4-C |
| ところどころ | some places | 12-C |
| * 登山口<br>とざんぐち | climbing starting point | 12-C |
| 突然<br>とつぜん | suddenly, all of a sudden | 10-C |
| 飛び込む<br>と こ | dive into, jump into | 10-L |
| 共に<br>とも | together | 11-L |
| ドライな | dry, businesslike | 7-L |
| * ドラえもん | Doraemon (a comic character) | 4-C |
| * 捕らえる<br>と | grasp | |
| ドラマ | drama | 4-C |
| 取り組む<br>と く | tackle | 8-L |

### な

| | | |
|---|---|---|
| 内容<br>ないよう | content | 8-L |
| ながめる | view, gaze at, enjoy<br>panoramic view | 12-C |
| * 何を覚えればい<br>なに おぼ<br>いか | what I should memorize | 9-C |
| 悩む<br>なや | worry, be worried | 9-C |
| 何だか<br>なん | somewhat, somehow | 7-C, 11-C |
| 何とか<br>なん | somehow, in some way or the<br>other | 6-C, 8-C |

### に

| | | |
|---|---|---|
| * 二足<br>にそく | two legs | 1-L |
| 日用品<br>にちようひん | daily necessities | 6-C |
| 担う<br>にな | shoulder, bear | 4-L |
| * 日本史<br>にほんし | Japanese history | 6-C |
| 人間<br>にんげん | human, man, individual | 1-L, 2-L, 4-L, 5-L,<br>11-C, 11-L |

### ね

| | | |
|---|---|---|
| 〜年間<br>ねんかん | for ~ years | 4-L, 10-L, 11-L |
| * 年功序列<br>ねんこうじょれつ | seniority system | 8-L |
| 年長の<br>ねんちょう | older, elder | 3-L |
| 年々<br>ねんねん | every year | 12-L |
| 年齢<br>ねんれい | age | 5-L |

### の

| | | |
|---|---|---|
| 農家<br>のうか | farmer | 3-L |
| 農業<br>のうぎょう | agiriculture | 3-L |
| 農耕<br>のうこう | agiriculture | 2-L, 5-L |
| 農村<br>のうそん | agiricultural village | 3-L |
| 〜の後に<br>のち | after ~ | 8-C |
| 伸ばす<br>の | improve, develop, stretch | 6-L |
| * のびのびと | carefreely, without worries | 4-L, 12-L |

### は

| | | |
|---|---|---|
| 把握（する）<br>は あく | grasp | 3-L |
| パーセント | percent | 4-L, 9-L |
| * ハードウェア | hardware | 7-C |
| 背景<br>はいけい | background | 11-L, 12-L |
| * 配置転換<br>はいちてんかん | reshuffling of personnel | 8-L |
| 〜泊<br>はく | night's stay | 5-C |
| * 幕府<br>ばくふ | the Shogunate government | 8-C |
| 博物館<br>はくぶつかん | museum | 5-C |
| 畑<br>はたけ | field, farm | 2-L |
| 果たす<br>は | play (a role) | 4-L |
| * バタフライ・<br>パーク | butterfly park | 5-C |
| * 働き手<br>はたら て | workhand | 8-L |
| * ハチ | hornet, bee | 9-C |
| バッグ | bag | 5-C |
| 発達<br>はったつ | development, evolution | 1-L |
| 発展（させる）<br>はってん | develop, promote | 11-L |
| 発展（する）<br>はってん | develop, make progress | 2-L, 3-L, 5-L |
| 話しかける<br>はな | talk to | 1-C, 8-C |
| 離れる<br>はな | leave, go away | 10-L |
| バランス | balance | 10-L |
| * バランスをとる | achieve/maintain balance | 10-L |
| 半島<br>はんとう | peninsula | 7-C, 8-C |

**171**

## ひ

| | | |
|---|---|---|
| ＊ひいひいおじいちゃん | great-great granddad | 8-C |
| ビジネス | business | 1-C, 4-C |
| 比重 | weight, importance | 9-L |
| ＊羊 | sheep | 2-L |
| 必死の | desperate | 7-L |
| ＊必須の | essential | 6-L |
| ビデオ | video | 4-C |
| ＊ヒト | humans | 1-L |
| 一人ひとり | each | 5-L |
| 非難（する） | blame | 9-L |
| 評価（する） | evaluate | 8-L |
| 平等な | equal | 11-L |
| 標本 | specimen, sample | 5-C |

## ふ

| | | |
|---|---|---|
| 不安な | anxious, uneasy | 9-C |
| ＊フォーマルに | formally | 8-L |
| ＊部活 | club activity | 11-C |
| 複雑化（する） | get complicated | 1-L, 3-L |
| ＊部署 | section, department | 8-L |
| 物理 | physics | 1-C, 7-C |
| 部分 | part, portion | 4-L |
| ＊プライベートな | private, personal | 9-L |
| ＊プライベートなこと | private matter, personal matter | 11-L |
| 振り返る | think back | 11-C |
| ＊フロンティア | frontier | 4-L |

## へ

| | | |
|---|---|---|
| ～別の | divided by ~ | 5-L |
| 別々の | separate, respective | 5-L |
| 変化（する） | change | 5-L |
| 変更 | change, alteration | 8-L |

## ほ

| | | |
|---|---|---|
| 法 | law, act | 9-L |
| 方言 | dialect | 3-C |
| 方面 | direction, area | 8-C |
| ほえる | bark | 9-C |
| ホーム | platform | 12-C |
| 牧畜 | stock raising, livestock farming | 2-L, 3-L, 5-L |
| ＊歩行（する） | walk | 1-L |
| 母国 | one's home country | 10-L |
| ＊北極圏 | the Arctic Circle | 2-L |
| ほぼ | almost | 7-L |

| | | |
|---|---|---|
| 本質的な | fundamental | 1-L, 2-L |

## ま

| | | |
|---|---|---|
| ＊前足 | foreleg | 1-L |
| ＊前向きに | optimistics, in a forward looking manner, actively and lively | 12-L |
| 交わる | socialize with, associate with | 11-L |
| ますます | more and more | 1-L, 5-C |
| また | also | 3-L, 4-L, 5-L, 7-C, 7-L, 8-L, 9-L, 11-L, 12-L |
| またがる | straddle, extend over, bordercross | 10-L |
| ＊待ちに待った | long-awaited | 3-L |
| 真っ白な | pure-white | 6-L |
| まったく | absolutely, completely | 10-L |
| 祭り | festival | 3-L |
| 学ぶ | learn | 3-L, 4-L, 8-L |
| 守る | keep, maintain, protect, defend | 11-L |
| マンガ | comic books | 4-C |

## み

| | | |
|---|---|---|
| 見送る | see (someone) off | 5-C |
| 見方 | view, view point | 10-C, 11-L |
| 身近な | close, familiar, immediate | 4-C, 8-C |
| 認める | admit, accpet | 12-L |
| 身につける | acquire, learn | 6-L |
| ＊実り | fruit, crop | 3-L |
| ＊身振り手振り | bodily and gestural sign | 1-L |
| ミルク | milk | 2-C |
| 民族 | ethnic group | 7-C, 11-L |

## む

| | | |
|---|---|---|
| 向ける | direct, turn toward | 9-L |

## め

| | | |
|---|---|---|
| ＊明治 | Meiji (period) | 11-L, 12-L |
| メーカー | maker, manufacturer | 4-C |
| メニュー | menu | 5-L |
| 面 | aspect, side | 12-L |
| メンバー | member | 8-L |

## も

| | | |
|---|---|---|
| 求める | request, require, demand, seek | 5-L, 6-L, 7-L, 8-L, 10-L |
| もともと | orginally, from the beginning | 3-C, 11-C, 11-L |

## や

| | | |
|---|---|---|
| やがて | gradually, soon, in a short time, in the course of time | 1-L, 2-L, 12-C |
| ＊山羊 | goat | 2-L |

| | | |
|---|---|---|
| 約<br>やく | about | 8-C, 11-L, 12-C |
| 役割<br>やくわり | role | 4-L |
| 雇う<br>やと | employ, hire | 8-L |
| *山の会<br>やま かい | climbing team | 9-C, 10-C |
| *山登り<br>やまのぼ | mountain climbing | 3-C |
| 山々<br>やまやま | mountains | 12-C |
| *山用の<br>やまよう | mountain-use | 12-C |
| **ゆ** | | |
| *雄大な<br>ゆうだい | grand, magnificent | 12-C |
| 有能な<br>ゆうのう | capable | 8-L |
| 豊かな<br>ゆた | rich, abundant | 3-L, 5-L |
| **よ** | | |
| *ヨーグルト | yogurt | 6-C |
| *翌年<br>よくねん | next year | 8-C |
| *ヨソの | other | 6-L |
| 予備<br>よび | preparatory | 7-C |
| 夜<br>よる | night | 3-C, 12-C |
| **ら** | | |
| *ライオン | lion | 2-L |
| ライバル | rival | 8-L |
| 楽な<br>らく | easy, comfortable, relaxed | 3-C, 11-C |
| **り** | | |
| 理解（する）<br>りかい | understand | 6-C |
| *リスペクト（する） | respect | 4-C |
| *リゾート | resort | 8-C |

| | | |
|---|---|---|
| 留学（する）<br>りゅうがく | (come or go to) study abroad | 4-C, 7-C, 12-L |
| *リュック | backbag, daypack | 6-C |
| 寮<br>りょう | dormitory | 3-C, 6-C, 9-C |
| *両国<br>りょうこく | both countries | 10-L |
| *領事館<br>りょうじかん | consulate | 8-C |
| *料理長<br>りょうりちょう | Chief chef | 1-C |
| **る** | | |
| ルール | rule | 11-L |
| **れ** | | |
| 例外的な<br>れいがいてき | exceptional | 6-L |
| *礼儀正しい<br>れいぎただ | decent, polite, courteous | 4-C |
| 歴史的な<br>れきしてき | historical | 2-L, 4-C, 5-L, 8-C, 11-L |
| **ろ** | | |
| 労働<br>ろうどう | labor, work | 7-L |
| ロープ | rope | 5-C |
| *ロッジ | lodge | 5-C |
| ～論<br>ろん | ～ argument, ～ theory | 11-L |
| **わ** | | |
| *ワーカホリック | workaholic | 9-L |
| *ワーク・ライフ・バランス | work-life balance | 9-L, 10-L |
| 若者<br>わかもの | youth, young-person, young people | 6-L, 8-L |
| *わくわくする | feel excited | 11-C |
| わりと | fairly | 3-C |

---

### リストの基準

■ N4 を超える語をリストアップした。
  a. 動詞になる熟語は、本文で「○○する」の場合「○○（する）」と提示し、動詞としての訳を記した。
  b. ナ形容詞は、「○○な」の形で提示した。
  c.「当然の／だ」のような語は、「○○の」の形で提示した。

■ 以下のような語は N4 以内と見なした。
  a.「日本」、「東京」、「中国」、「マレーシア」などのごく一般的で基本的な国名や地名
  b. 上の a と組み合わさった「～語」(N4)、「～人」(N4) などの複合語

■ 以下のような語は N2 のシラバスにはないが、N2 以上の語と認定してリストした。
  a.「～的な」、「～性」、「～感」、「～化（する）」、「～生」などの複合語
  b.「年々」、「山々」などの畳語
  c.「生き方」、「考え方」など語としての独立性が高いもの
  d.「責任ある」「発展（させる）」「聞かせる」「聞き取る」など N2 以内の語からなる熟語的な語
  e.「声をかける」、「身につける」など、N2 以内の語からなる熟語

■ 以下のような語は JLPT 外の語として、リストした。そして、「*」をつけた。
  a.「義務教育」、「授業登録」、「外国出身者」など、N2 以内の語の組み合わせによる複合熟語
  b.「思慮深い」、「働き手」、「待ちに待った」など、N2 以内の語の組み合わせや応用とも見られるが語として独立性が高いもの
  c.「エアコン」、「T シャツ」、「アニメ」、「リゾート」、「食材」、「専門職」、「管理職」など、N1 のリストにない語

  ＊日本語能力試験のシラバスでは、N3 と N2 の区別はないので、両者を合わせて N2 と呼ぶことにします。

**173**

# 『NIJ』のテーマと文法

※ Grammar Notes を含む下記の文法事項は、本文では太字にしています。

Part1 = Conversation（会話）　Part2 = Lecture（レクチャー）

## ■ Unit1-3：人間と社会の発展

| | | テーマ | 文型 | 語法・慣用表現 | 従属節 | 接続詞 | 文末表現 | |
|---|---|---|---|---|---|---|---|---|
| Unit 1 | Part1 | ①わたしの家族－リさん<br>②わたしのこと－中田くん | ～そう<br>（おもしろそう） | | | ですので | | ▶Grammar Notes 1<br>Passive Expressions |
| | Part2 | 人間と動物 | ～ようになる | ～にわたって、ますます、何を～ばいいか、やがて | ～ことで、～ば、～とともに | そのために、そうすると | | ▶Grammar Bits 1<br>～化する |
| Unit 2 | Part1 | ①できる外国語<br>－はじめまして<br>②誘う－紅茶の店に誘う | ～ますか/～ましょうか/～ましょう/～ませんか、～より～の方が～ | | | | | ▶Grammar Notes 2<br>～ていく<br><br>▶Grammar Bits 2<br>～ように |
| | Part2 | 人間と動物の本質的な違い | 重要な点は～ということだ | やがて、～によって①、～によって②、～での、～によると、～のために | | では、それでも、つまり | | |
| Unit 3 | Part1 | ①わたしの生活－寮の生活<br>②わたしの国の民族と言語<br>－多民族国家 マレーシア | ～そう（楽しそう）、～ようと思っている（行こうと思っている）、～ばいい（行けばいい）、～てくれる（ついてくれる） | | | | ～つもりだ | ▶Grammar Notes 3<br>～てくる |
| | Part2 | 農村社会 | ～ばいい（学べばいい） | ～くらいだ | ～（する）ために | つまり | | |
| Grammar Summary to Unit1-Unit3 | | A. Grammatical phrases　1.～によって①、2.～によって②、3.～によると、4.～のために、5.Question word+particle+ ～ればいいか<br>B. Subordinate clause structures　1.～ば、2.～とともに | | | | | | |

## ■ Unit4-6：社会と生活

| | | テーマ | 文型 | 語法・慣用表現 | 従属節 | 接続詞 | 文末表現 | |
|---|---|---|---|---|---|---|---|---|
| Unit 4 | Part1 | ①町と歴史<br>－マレーシアの歴史<br>②日本との縁<br>－わたしの家族と日本 | ～ようと思う/思っている、～こともある、～てくれる（買ってきてくれる）、～のにおどろく | ～にとって | ～までに | ところで | …感じがした、…感じだった、…感じだ | ▶Grammar Notes 4<br>Causative Expressions<br><br>▶Grammar Bits 3<br>いろいろな「作る」 |
| | Part2 | 子どもと学校 | | ～について、～において、～として、～を通して | ～（し）ないと | さらに、逆に言うと | …わけです、～と言ってもいいでしょう | |
| Unit 5 | Part1 | ①助けてもらった経験<br>－国を出るとき<br>②子供の頃の思い出<br>－子どもの頃の思い出 | もらう、～てくれる、～でも（ぼくでも）、～そう（行けそう） | どれも、それなら、 | | | | |
| | Part2 | 社会の変化とわたしたちの生き方 | | ～とともに、～として、～に関係なく | | | | |
| Unit 6 | Part1 | ①いそがしい毎日とたいへんな生活－たいへんな毎日<br>②めんどうな手続き・複雑な書類－たいへんな手続き | ～そう（重そう）、～ようと思う（理解しようと思う） | ～なら（日本人学生なら）、思ったよりも、何が何だか分からない、何が～のか、何とか | ～のに | それに、それで | ～つもりだ | |
| | Part2 | 仕事を始める | ～てしまう | ～（た）ばかり、～として、～にとって、～における、～を通して | ～（する）ために、～ても | | …ということです、…ことは言うまでもありません、…とは考えないほうがいいです | |
| Grammar Summary to Unit4-Unit6 | | A. Grammatical phrases　1.～について、2.～において、3.～として、4.～を通して、5.～にとって<br>B. Subordinate clause structures　1.～（た）ばかり、2.～（し）ないと、3.～ても<br>Exercise: ～によって、～によると、～のために、～について、～において、～として、～を通して、～にとって | | | | | | | |

## ■ Unit7-9：働くことと暮らし

| | | テーマ | 文型 | 語法・慣用表現 | 従属節 | 接続詞 | 文末表現 | |
|---|---|---|---|---|---|---|---|---|
| Unit 7 | Part 1 | ①教育制度とわたし－歴史と教育制度<br>②大学の専門－高校から大学へ | ～てくれる(賛成してくれる) | 何だか、そう言えば、 | | それで | | |
| | Part 2 | 会社と個人 | | ～のために、～を通して、～として | ～(し)ないと、～ことで、～(する)ために | | …と言っていいくらいです、…ことになります | |
| Unit 8 | Part 1 | ①わたしの国の近代史－下田<br>②家族の歴史－わたしと外国 | 聞かせてください、～てある(書いてある)、～ことになる、いらっしゃる、～そう(楽しそう) | ～って、分かる？、何とか | | それで | …んじゃないですか、…感じだ、…そうです | ▶Grammar Bits 4<br>先輩・後輩・同期 |
| | Part 2 | 働く人としての生き方 | 重要なことは～ことです | 多かれ少なかれ、～(た)ばかり、～ように、～としての、～での、～にあたって、～として、～を通して | ～(する)ために、～のではなく | つまり | …わけです | |
| Unit 9 | Part 1 | ①ひどい経験－ひどい一日<br>②勉強の仕方－勉強 | ～てしまう、～ば、疑問詞＋助詞～ばいいか、命令表現(覚えなさい)、～てくれる(言ってくれる)、～ようとしても<できない>、～ことにした | ～のために、～ばかり、何も | | その上に、それに、それで | …ようです(蚊がいたようです) | ▶Grammar Notes 5<br>Volitional Expressions |
| | Part 2 | 多様な働き方と生き方 | ～ばいい(学べばいい) | ～との、～に関する、～によると、～では、～に関わらず、～以来、～の下に、～での | | | …ようです | |
| Grammar Summary<br>to Unit7-Unit9 | | A. Grammatical phrases　1. ～にあたって、2. ～に関する、3. ～に関わらず、4. ～での／～との<br>B. Subordinate clause structures　1. ～ことで、2. ～ために(は)<br>C. Sentence-ending phrases　1.…ようです、2.…と言ってもいいでしょう／…ことは言うまでもありません／<br>　　…とは考えないほうがいいです／…と言っていいくらいです | | | | | | |

## ■ Unit10-12：外国出身者と日本

| | | テーマ | 文型 | 語法・慣用表現 | 従属節 | 接続詞 | 文末表現 | |
|---|---|---|---|---|---|---|---|---|
| Unit 10 | Part 1 | ①誘われた経験－山の会<br>②大学時代の勉強と経験<br>　－大学時代の勉強と経験 | ～てある(書いてある)、～ばいい、～ようと思う、～ておく(経験しておく)、～ば(乗っていれば)、疑問詞＋助詞～ばいいか(何をすればいいか) | ～ばかり、どこにも、～そう(やさしそう)、～だけじゃない(～だけではない)、～のようなもの | | それで、逆に | …わけではありません、…思うんです(…思うのです) | ▶Grammar Bits 5<br>～始める・～続ける・～終わる |
| | Part 2 | 日本で生きる外国出身者 | | いわば、～の上に | ～なら | そうではなくて | …わけではありません、…でしょう | |
| Unit 11 | Part 1 | ①家や生まれ育った町を出る－町を出る<br>②移民の歴史と現在－さまざまな人が生きる世界へ | 疑問詞～んだろう(なぜ～んだろう、どうなるんだろう)、～てみる、～ようと思う | 前に話したように、～だけ、～でも、～というのは(～というのは～だ<definition>)、～(する)ための、～のようなもの、何だか | ～(する)ために | それで | | |
| | Part 2 | 日本、そして平等な社会 | 重要な点は～ということだ | ～以来、～として、～のようなもの、～としての、～ようとした、～を通して | ～のではなく | つまり | …つもりはありません、…ことは言うまでもありません、…ように思います、…見るべきでしょう、…わけです | |
| Unit 12 | Part 1 | ①旅行の話－山登り<br>②アウトドア活動の思い出<br>　－雲取山 | ～ようと思う(会おうと思う) | 思ったより、～たとき以来、～だけ、びっくりするほど、やがて、～にとって | | ですので | …だろう、…ようでした | |
| | Part 2 | 日本の将来 | ～てくれる(暮らしてくれる)、～てほしいと思う、～になればいい | ～以来、～として、～らしい、～にとって、～らしく | | つまり | …ことになっています、…ことを期待しています | |
| Grammar Summary<br>to Unit10-Unit12 | | A. Grammatical phrases　1. ～以来、2. ～らしい<br>B. Subordinate clause structures　1. ～のではなく<br>C. Sentence-ending phrases　1.…わけではありません／…つもりはありません／…ように思います／…と見るべきでしょう／<br>　　…ことになっています／…ことを期待しています | | | | | | |

175

[著者紹介]

西口光一 （にしぐち・こういち）

[現 職] 広島大学森戸国際高等教育学院特任教授、大阪大学名誉教授

[専 門] 日本語教育学、言語心理学、言語哲学

[経 歴] 博士（言語文化学）。国際基督教大学大学院教育学研究科博士前期課程修了（教育学修士）。アメリカ・カナダ大学連合日本研究センター講師、ハーバード大学東アジア言語文化部上級日本語課程主任、大阪大学国際教育交流センター教授を経て、現職。

[著 書] 『新装版 基礎日本語文法教本』（アルク）、『みんなの日本語初級 漢字』（監修・スリーエーネットワーク）、『例文で学ぶ漢字と言葉』（スリーエーネットワーク）、『日本語 おしゃべりのたね』（監修・スリーエーネットワーク）などを執筆・監修している。日本語教育学関係の著書としては、『新次元の日本語教育の理論と企画と実践 —第二言語教育学と表現活動中心のアプローチ』、『対話原理と第二言語の習得と教育 —第二言語教育にけるバフチン的アプローチ』、『第二言語教育におけるバフチン的視点 —第二言語教育学の基礎として』（くろしお出版）、『第二言語教育のためのことば学 —人文・社会科学から読み解く対話論的な言語観』、『メルロ＝ポンティの言語論のエッセンス —身体性の哲学、オートポイエーシス、対話原理』（福村出版）、『日本語教授法を理解する本 歴史と理論編』（バベルプレス）、『一歩進んだ日本語教育概論 — 実践と研究のダイアローグ』（監修、大阪大学出版会）などがある。

■ 英語校正
Noran Magdy Mostafa

■ 音声収録
VOICE-PRO

■ 本文イラスト
須山奈津希（ぼるか）
イラストAC

■ 装丁デザイン
スズキアキヒロ

■ 画像
写真AC　　　　https://www.photo-ac.com
iStock　　　　 https://www.istockphoto.com/jp
Pixabay　　　 https://pixabay.com/ja/
Shutterstock　https://www.shutterstock.com/ja/

■ 編集担当
市川麻里子
坂本麻美
金髙浩子

# NIJ：A New Approach to Intermediate Japanese
## — テーマで学ぶ中級日本語 —

2018年11月15日　　第1刷 発行
2024年 4月25日　　第3刷 発行

[著者]　　西口光一

[発行]　　くろしお出版
〒102-0084　東京都千代田区二番町4-3
Tel：03·6261·2867　　Fax：03·6261·2879
URL：http://www.9640.jp　Mail：kurosio@9640.jp

[印刷]　　三秀舎

Ⓒ 2018 Koichi Nishiguchi, Printed in Japan　ISBN 978-4-87424-775-4 C0081
乱丁・落丁はお取り替えいたします。本書の無断転載・複製を禁じます。

# Kanji and Kanji Words

# 漢字と言葉
かんじ ことば

- ✏️ **Kanji Reference Book** .......p. 2

- ✏️ **Advanced Kanji Worksheet** .....p. 26

# Unit 1

※ Formally related kanji is listed next to ☆. They include N4 kanji in JLPT and target kanji in this textbook. When the kanji is not N4 kanji or target kanji in this book, * is added to the kanji. Other kanji that needs to be attended is listed next to ◇.
※※ N5 kanji and N4 kanji are indicated with "N5" and "N4" respectively at the right-bottom of the target kanji.

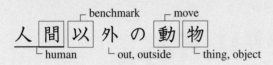
人間以外の動物
- 人 — human
- 間 — benchmark
- 動 — move
- 外 — out, outside
- 物 — thing, object

1 間 N5  between ~ (in terms of space and time), during ~
① ～間
　　1時間　2時間　3時間
　　1週間　2週間　3週間
② 間
　　夏の間、わたしは北海道にいました。
③ 間
　　人間
　　人間以外の動物
☆ 聞　門　間　開　関　問　*閉　*簡
　　　　　1　81　　85　114

2 以 N4  benchmark
① 以～
　　水は、0℃以下になると、氷 (ice) になります。そして、100℃以上になると、水蒸気 (vapor) になります。
　　図書館の本は、1か月以内に返さなければなりません。
　　人間以外の動物は、言葉を話しません。
　　日本に来て以来、一度も国に帰っていま

せん。

3 動 N4  move
① 動く
　　写真をとるときは、動かないでください。
② 動
　　動物
　　自動車
　　自動的に (automatically)
　　活動 (する)
☆ 重　力　働
　　　　　67

4 物 N4  thing, object
① 物
　　食べ物　飲み物　乗り物　買い物
② 物
　　動物　　植物 (plants)
　　物理 (physics)
　　物体 (object)　物質 (material)
☆ 牛　　☆ 場
　　　　　　　89

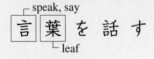
言葉を話す
- 言 — speak, say
- 葉 — leaf

5 言 N5  speak, say, word
① 言う
　　朝は、「おはよう」と言います。
② 言
　　人間は、言葉を使う動物です。

③ 言
　　世界には、5,000以上の言語があります。

6 葉  leaf
① 葉

人間は、言葉を使う動物です。
秋には、木の葉が赤や黄色に変わります。

② 葉
秋には、紅葉します。

☆ 世

7 具　equip; equipment, tool

① 具
　　道具
　　家具（furniture）

◇ *貝

8 洗　wash

① 洗う
　　食後、すぐに皿を洗います。
② 洗

わたしは毎日、洗濯をします。
洗練されたデザイン

9 練　knead, elaborate, train

① 練る
　　計画を練る
② 練
　　練習
　　洗練されたデザイン

☆ *糸　東

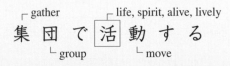

10 活　life, spirit, alive, lively

① 活
　　日本での生活は、とても楽しいです。
　　人間は、集団で活動する動物です。
② 活かす
　　自分の知識を活かした仕事がしたいです。

☆ 話 *舌

11 複　double, duplicate

① 複

複雑な

☆ *復　　◇ 夏

12 雑　rough, sloppy, careless, miscellaneous

① 雑
　　複雑な
　　雑誌
　　雑な運転

☆ 曜 *濯 雑 集 進 雇
　　　12　16　53　73

# Unit 2

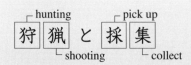

### 13 狩　hunting

① 狩る
　男たちは、毎日、狩りに出かけます。

② 狩
　狩猟と採集の生活
　☆　狩　猟　獲　*独　*守
　　　13　14　33

### 14 猟　shooting

① 猟
　狩猟と採集の生活
　☆　狩　猟　獲　*独
　　　13　14　33

### 15 採　pick up

① 採る
　新しい人を採る

### ② 採
狩猟と採集の生活
新しい人を採用する
☆　持　菜　*彩

### 16 集 N4　gather, collect

① 集める
　先生は、子どもたちを学校の前に集めました。

② 集まる
　子どもたちは学校の前に集まりました。

③ 集
　狩猟と採集の生活
　集団で活動する
　☆　曜　*濯　雑　集　進　雇
　　　　　　12　16　53　73

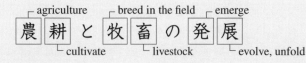

### 17 農　agriculture

① 農
　農業　農家　農村　農産物
　農耕と牧畜
　☆　*曲　農　豊　*震
　　　　17　27

### 18 耕　cultivate

① 耕す
　畑を耕して、野菜を作ります。

### ② 耕
農耕と牧畜
☆　*井　*耗

### 19 牧　breed in the field

① 牧
　牧場（stock farm, ranch）
　牧畜
　☆　牧　改　教　数
　　　19　25　42　113

## 20 畜 livestock

① 畜（ちく）
家畜（か）
牧畜（ぼく）
畜産物（さんぶつ）

☆ *玄 *弦　　◇ *糸

## 21 発 N4 depart; emerge

① 発（はつ）
出発（しゅっぱつ）（する）
新しい星を発見する（ほし　はっけん）

## 22 展 evolve, unfold

経済が発展する（けいざい　はってん）
言語が発達する（げんご　はったつ）
新しい製品を開発する（せいひん　かい）

☆ *登

## 22 展 evolve, unfold

① 展（てん）
経済の発展（けいざい　はっ）
ショーケースに商品を展示する（しょうひん　じ）

☆ 屋

---

生活 様 式 を 改 変 する

shape, pattern — 様
renew — 改
style — 式
change, alter — 変

---

## 23 様 shape, pattern; "Mr.", "Ms." etc.

① 様（よう）
生活様式（せいかつ　しき）
多様性（た　せい）

② 様（さま）
メールでは、「～様」と書きます。
神様に感謝する（かみ　かんしゃ）

◇ *羊

## 24 式 ceremony; style; equation

① 式（しき）
ホテルで結婚式をしました。（けっこん）
50年前とは、生活様式が変わりました。（せいかつよう　か）

☆ 試

## 25 改 change, renew

① 改める（あらた）
改めてお礼を申し上げます。（あらた　れい　もう　あ）

## 25 改 (②)

② 改（かい）
生活様式を改変する（せいかつようしき　へん）
会社の組織（organization）を改革する（そしき　かく）
法律（law）を改正する（ほうりつ　せい）

☆ 牧　改　教　数
　19　25　42　113

## 26 変 change, alter

① 変える（か）
スケジュールを変える

② 変わる（か）
スケジュールが変わる

③ 変（へん）
社会が変化する（しゃかい　か）
生活様式を改変する（せいかつようしき　かい）
人格（personality）が変容する（じんかく　よう）

◇ 夏

# Unit 3

### 27 豊　rich, affluent
① 豊かな
　　豊かな社会
　　豊かな国と貧しい国
② 豊
　　豊富な資源（natural resources）
☆ *曲 *豆 豊 農
　　　　　27 17

### 28 質 N4　quality; inquire
① 質
　　物質
　　物質的な環境
　　質と量（quantity）
　　質問（する）

### 29 的　"-al", "-ic", etc. as in "traditional", "democratic", etc.

### ① 〜的
　　伝統的な
　　民主的な
☆ *約

### 30 環　loop, surroundings
① 環
　　環境
　　環境問題
☆ *王　遠　*園　　◇ *猿　*衣

### 31 境　area, place; boundary, border
① 境
　　国と国の境を、国境と言います。
② 境
　　環境
　　国境
☆ *鏡

---

収穫を祝い、神様に感謝する
　collect, obtain — catch, get — celebrate — god — honorific prefix for person/god — feel — thank

### 32 収　collect, obtain
① 収
　　秋は、収穫の秋です。
　　大学の先生の収入は少ないです。
　　わたしの年収は、500万円くらいです。
　　収益（profit）
　　税収（tax revenue）

### 33 獲　catch (an animal), get
① 獲
　　収穫の秋
☆ 狩 猟 獲 *独
　　13 14 33
☆ 曜 *濯 雑 集 進 雇
　　　12 16 53 73

**Kanji Reference Book**

34 祝 celebrate

① 祝う
いわ

　収穫を祝う
　しゅうかく

　結婚のお祝い
　けっこん

② 祝
しゅく

　祝日 （national holiday）
　じつ

　祝福 （する）（bless）
　ふく

35 神 god

① 神
かみ

　神様に感謝する
　さま　　かんしゃ

② 神
じん

　京都には、お寺や神社がたくさんありま
　きょうと　　　　てら　　じゃ
　す。

☆ *申　社 *祈

36 感 feel

① 感
かん

　不安を感じる
　ふあん

　感覚
　かく

　一体感
　いったい

　感謝 （する）
　しゃ

37 謝 apologize; thank

① 謝る
あやま

　遅れたことを謝りました。
　おく

② 謝
しゃ

　感謝 （する）
　かん

　謝罪 （する）（apologize）
　ざい

☆ *射　身　村
　　　76

## Other Kanjis

38 生 N5 live, life, alive; fresh, uncooked; student

① 生
せい

　学生　　小学生　　中学生
　がく　　しょう　　　ちゅう

　高校生　　大学生　　大学院生
　こうこう　　だい　　　　いん

　生活
　かつ

　今日は、人生で一番幸せな日です。
　きょう　　じん　いちばんしあわ　ひ

② 生きる
い

　わたしたち人間も動物も、生きています。
　にんげん　どうぶつ

③ 生まれる
う

　わたしは 1995 年に生まれました。

④ 生
しょうじょう

　わたしの誕生日は、12 月 25 日です。
　たんじょう び

　楽しかった日本の生活は、一生忘れませ
　たの　　　　　　せいかつ　　いっしょうわす
　ん。

☆ 性 *星
　132

39 漁 fishing

① 漁
ぎょ

　漁業
　ぎょう

　漁村
　そん

② 漁
りょう

　父は、毎日、朝早くから漁に出ます。
　　　　　　あさはや　　　　で

☆ 魚　　　◇ 黒

7

# Unit 4

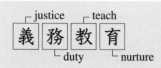

義 — justice
務 — duty
教 — teach
育 — nurture

40 義　justice

① 義
　　講義（lecture）
　　義務
　　義務教育
　　義理の（in law）兄

☆　着 *我
　　115

41 務　work, job, duty

① 務
　　小学校と中学校は、義務教育です。
　　わたしは、事務の仕事が苦手です。
　　業務に必要な技能を身につける

☆　*矛

42 教 N4　teach

① 教える
　　母は、高校で英語を教えています。

② 教
　　教室
　　教育
　　宗教

☆　牧　改　教　数
　　19　25　42　113

☆　*孝　◇　考

43 育　nurture

① 育てる
　　子どもを育てる

② 育つ
　　生まれ育った町

③ 育
　　教育
　　育児（childcare, child-rearing）
　　人材育成（human resourced evelopment）

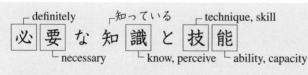

必要 — definitely / necessary
知識 — 知っている / know, perceive
技能 — technique, skill / ability, capacity

重要 — 重い
役割 — role, part / division

44 必　definitely, without fail

① 必ず
　　わたしは、いつも必ずカバンの中に傘を入れています。

② 必
　　仕事のために必要な知識

45 要　need, necessary, necessity

① 要る
　　生活をするためには、お金が要ります。

② 要
　　仕事のために必要な知識
　　仕事の上では、チームワークが重要です。
　　要領が悪い人は、仕事が遅いです。

◇　西

8

<sup>46</sup>識　know, perceive, cognize

① 識
しき

いろいろな知識を身につける
ち　　しき

常識（common sense）
じょう　しき

<sup>47</sup>技　technique, skill, art

① 技
ぎ

技術
じゅつ

科学技術
か　がく　　じゅつ

技能
のう

演技（theatrical performance）
えん

② 技
わざ

柔道（judo）にはいろいろな技（technique）
じゅうどう

があります。

☆ *支　*枝

<sup>48</sup>能　ability, capacity, talent; Noh

① 能
のう

能力
りょく

技能
ぎ

才能
さい

能

☆ 態　　◇ 北 *比
　138

<sup>49</sup>役　role, part

① 役
やく

社会の中で、学校は重要な役割を果たし
しゃかい　　　　　　　　　　じゅうよう　　わり　　は

ています。

☆ 役　段 *設
　49　56

<sup>50</sup>割　break, divide

① 割る
わ

木を割って、たき木（firewood）にしました。
き

② 割
わり

このセーターは、3割引で買いました。
びき

現代人の生活の中で、学校は重要な役割
げんだいじん　せいかつ　　　　　　　　　　じゅうよう　やく

を果たしています。
は

## Other Kanjis

<sup>51</sup>普　usual, common; ubiquitous

① 普
ふ

普通の人
つう　　ひと

普段の服
だん　ふく

☆ *並　　◇ *昔

<sup>52</sup>習<sub>N4</sub>　learn, acquire

① 習う
なら

わたしは子どものとき、ピアノを習って
いました。

② 習
しゅう

練習
れん

習慣（usual practice, habit）
かん

慣習（customary practice, convention）
かん

外国語を習得する
とく

☆ *羽

<sup>53</sup>進<sub>N4</sub>　proceed, advance

① 進む
すす

技術革新が進む
ぎ じゅつかくしん

② 進める
すす

仕事の進め方
し ごと　　　　かた

③ 進
しん

大学院に進学するつもりです。
いん　　がく

大学進学率
りつ

競争を促進する
きょうそう　そく

☆ 曜 *濯 雑 集 進 雇
　　　12　16　53　73

☆ 近 道 *達 遠 進 過 遅 選 通
　53　64　106　124　131
造
143

# Unit 5

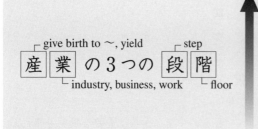

## 54 産 N4　give birth to ～, yield

① 産む
　子どもを産む
② 産
　産業が発展する
　第一次産業　第二次産業　第三次産業
☆ 顔

## 55 業 N4　industry, business, work

① 業
　大学を卒業する
　企業
　産業
　農業　林業　水産業
　工業　サービス業
　業界
　営業時間（business hour）
　営業活動（business operation）
　職業（job, profession）
　業務
◇ *羊

## 56 段　step

① 段
　階段

## 段階

☆ 役　段　*設
　49　56

## 57 階　floor

① 階
　1階　2階　3階　4階
　社会階層（social class）
☆ *比　*皆

## 58 伝　send, transmit

① 伝える
　メッセージを伝える
② 伝
　伝統
　伝統的な
☆ 会　転

## 59 統　unify, unification

① 統
　大統領
☆ *糸　　☆ *充 *銃

## 60 脱　put off, take (something) off

① 脱ぐ
　服を脱ぐ

② **脱**
だつ
    **脱**工業社会
こうぎょうしゃかい
    **脱**水機（spin-drier）
だっすいき

**脱**色（する）（bleach）
だっしょく

☆　説　*悦　*閲

---

社　会　変　化　を　経　験　す　る

（transform — 化 ／ go through — 経 ／ trial — 験）

---

⁶¹ **化**　transform

① **化**ける
ば
    キツネ（fox）が人に**化**ける
ひと

② **化**
か
    変**化**（する）
へん
    文**化**
ぶん

③ 〜**化**
か
    近代**化**
きんだい
    工業**化**
こうぎょう
    慣習**化**
かんしゅう
    複雑**化**
ふくざつ

☆　花　　◇　北

---

⁶² **経**　go through; sutra

① **経**
けい
    **経**験（する）
けん
    **経**済（economy）
ざい

② **経**
きょう
    お**経**を読む（chant a sutra）

☆　*糸　　☆　軽　*怪　*茎

---

⁶³ **験**ₙ₄　trial; evidence; effect

① **験**
けん
    経**験**（する）
けい

☆　*馬　　☆　*険　*検　*剣

---

## Other Kanjis

⁶⁴ **過**　go beyond; pass (time)

① **過**
か
    **過**去と現在と未来
こ　　げんざい　　みらい
    変化の**過**程（process）を観察する（observe）
へんか　　てい　　　　　　　　かんさつ

② **過**ぎる
す
    父は、もう70歳を**過**ぎています。
さい

③ **過**ごす
す
    夜の時間は、うちで**過**ごしたいです。
よる

☆　近　道　*達　遠　進　過　遅　選　通
　　　　　53　64　106　124　131
造
143

⁶⁵ **去**ₙ₄　leave; passed

① **去**
きょ
    **去**年
ねん

② **去**
こ
    過**去**
か

☆　法
144

⁶⁶ **短**ₙ₄　short

① **短**い　⇔　長い
みじか　　　　なが

② **短**〜
たん
    **短**期　⇔　長期
き　　　　　ちょう
    **短**期間　⇔　長期間
きかん

☆　*矢　　☆　*豆　頭　豊
27

Kanji Reference Book

# Unit 6

## 働いてお金を稼ぐ
- 働 — work, labor
- 稼 — earn

### 67 働 N4  work, labor
① 働く
　働いてお金を稼ぐ
② 働
　労働者
　労働時間
☆ 動 3

### 68 稼  earn (money)
① 稼ぐ
　お金を稼ぐ
② 稼
　稼働時間 （operating time）
☆ 秋 *嫁　家

## 就職活動　新卒採用
- 就 — take over, assume
- 職 — job
- 卒 — graduate
- 用 — use, adopt
- 採 — pick up

### 69 就  take over, assume
① 就く
　父は、高校を卒業してすぐに仕事に就きました。
② 就
　大学を卒業したら、就職します。
☆ 京

### 70 職  job
① 職
　就職活動
　一般職　技術職　専門職
☆ 耳　識　*織 46

### 71 卒  complete
① 卒
　大学を卒業する
　新卒採用
☆ *率

### 72 用 N4  use, utilize; adopt
① 用いる
　※ "使う" is usually used. "用いる" is seldom used and sounds very classical.
② 用
　道具を使用する
　新卒者を採用する
　終身雇用

⌈終わる
終 身 雇 用
 └body → one's life

### 73 雇  employ

① 雇う
　いそがしいときは、アルバイトを雇います。

② 雇
　雇用制度
　終身雇用
　経済がよくなって、雇用が増えてきました。
　正社員を解雇することは、ほとんどありません。

☆ 曜　*濯　雑　集　進　雇
　　　　12　16　53　　73

### 74 制  rule, system, restriction

① 制
　教育制度
　経済制度
　雇用制度
　生活にはさまざまな制約があります。

### 75 度 N4  time(s); degree

① 度
　沖縄には、2度行きました。海がほんとうにきれいでした。
　京都には、何度も行きました。わたしは、京都が大好きです。

☆ 広　度　序　庭
　　　75　97　104

### 76 身  meat; body

① 身
　子どものために、魚の身をとってあげます。
　仕事のために必要な知識を身につける
　身振り手振り（gesture）

② 身
　外国出身者
　自分自身
　終身雇用（life-time employment）

## Other Kanjis

### 77 命  life

① 命
　人の命は何よりも大切です。

② 命
　上司の命令には従わなければなりません。
　至上命令

③ 命
　時計の電池の寿命は、3年くらいです。

### 78 令  command

① 令
　上司の命令には従わなければなりません。

☆ *冷　*零　*齢

# Unit 7

製 品 開 発

- manufacture (製)
- goods, item (品)
- open, exploit (開)
- depart; emerge (発)

**79 製** produce, manufacture

① 製
せい
日本製
新しい技術で、新しい製品を作る
ぎじゅつ　　　　　　ひん　つく

**80 品** goods, item, article

① 品
ひん
日本の製品は、質が高いです。
せい　　　　しつ

**81 開** N4 open, exploit

① 開ける／開く
あ　　　　あ
窓を開けて、きれいな空気を入れました。
まど　　　　　　　くうき　い

風で窓が開いて、きれいな空気が入って
かぜ　　　　　　　　　　　　　　　　はい
きました。
55ページを開けてください。

② 開く
ひら
土曜日の午後、久しぶりに本を開いて読
どようび　　　　　ひさ　　　　　　　ひら
み始めました。
はじ

③ 開
かい
新しい製品を開発する
せいひん　はつ
レストランの開店時間は、たいてい5時
てん
です。

☆ 聞 門 間 開 関 問 *閉 *簡
　　1　81　85　114

技 術 革 新

- technique, skill (技)
- thoroughly renew (革)
- technique, art (術)

**82 術** technique, art

① 術
じゅつ
技術
ぎ
科学技術
か　がく
技術革新
かくしん
手術
しゅ

**83 革** thoroughly renew; leather

① 革
かわ
革のジャンパー

② 革
かく
技術革新
ぎじゅつ　しん
自分自身を変革する
じぶんじしん　へん
会社の組織（organization）を改革する
そしき　　　　　　　　　　　　かい
革命（revolution）
めい

※ "革" implies a revolutional change.

会 社 と 個 人 の 関 係

- relate (関)
- unit; individual (個)
- connection (係)

**84 個** unit; individual

① 個
こ
会社と個人の関係は、会社によって違い
じん　かんけい　　　　　　　　　　　　　ちが
ます。

一人ひとりの人には、個性（individuality）
ひとり　　ひと　　　　せい
があります。

**85 関** gate; relate

14

① 関わる
かか

最近は、男女に関わらず、ランニングを
さいきん　　だんじょ

する人が増えています。
ひと　ふ

② 関
かん

会社の中の人間関係は、むずかしいです。
かいしゃ　なか　にんげんかんけい

夫は、子育てに関心がありません。
おっと　こそだ　かんしん

☆ 聞　門　間　開　関　問　*閉　*簡
　　1　81　85　114

86 係　relate, person in charge, connection

① 係
けい

人間関係　日米関係　日中関係
にんげんかんけい　にちべい　にっちゅう

② 係
かかり

会計係（checkout staff, accounting clerk）
かいけいがかり

☆ *系

## Other Kanjis

87 済　help, aide, relieve; be done

① 済む
す

メールで済むことはメールでします。

② 済
さい

経済
けいざい

88 市 N4　market; city

① 市
し

市場競争
しじょうきょうそう

京都市　　大阪市
きょうと　　おおさか

都市と農村
とし　のうそん

89 場 N4　site, place

① 場
ば

今の子どもは、遊ぶ場所がありません。
いま　　　　あそ　ばしょ

雨の場合は、試合は中止になります（will
あめ　ばあい　しあい　ちゅうし

be suspended）。

② 場
じょう

新しい製品を市場に出す
あたら　せいひん　しじょう　だ

日本は、明治（Meiji era）になってから、
にほん　めいじ

国際社会に登場しました。
こくさいしゃかい　とうじょう

☆ 物
4

90 実　actual(ly), fact; fruit

① 実
み

庭の木に、実がなりました（bore fruit）。
にわ　き　み

② 実る
みの

秋は、実りの秋です。
あき　　　　　あき

③ 実
じつ

夢と現実
ゆめ　げんじつ

夢が実現する
ゆめ　じつげん

適正な価格が実現する
てきせい　かかく　じつげん

調査を実施する
ちょうさ　じっし

実際に使ってみないと、日本語は上手に
じっさい　つか　　　　　　　　　　　　じょうず

なりません。

この小説は、事実に基づいて書かれてい
しょうせつ　じじつ　もと　か

ます。

自分の日本語学習法を実践する
じぶん　にほんごがくしゅうほう　じっせん

91 現　appear, realize; present

① 現れる
あらわ

彼は、30分遅れて、現れました。
かれ　　ぶんおく　　あらわ

② 現
げん

夢と現実
ゆめ　げんじつ

夢が実現する
ゆめ　じつげん

現在、日本には200万人以上の外国人が
げんざい　　　　　　まんにんいじょう

住んでいます。
す

現代の社会は豊かですが、問題もたくさ
げんだい　しゃかい　ゆた　　　　　もんだい

んあります。

Kanji Reference Book

15

# Unit 8

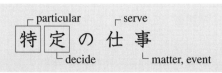

## 92 特 N4  particular, special

① 特
　**特**定の仕事
　わたしは、スポーツが好きです。**特**に、サッカーが好きです。
　わたしは、**特**別な才能はありません。
　ドラえもんの声は、**特**徴のある声です。

☆ 牛　　☆ *寺　持

## 93 定  decide, settle

① 定める

最低賃金（minimal wage）は、法律（law）で**定**められています。

② 定まる
　目標が**定**まれば、よく勉強できます。

③ 定
　スケジュールを決**定**する
　わたしの会社の**定**年は65歳です。
　収入（income）が少ないので、生活が不安**定**です。

☆ 足

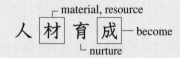

## 94 材  material, resource

① 材
　**材**料を買って、自分で料理を作りました。
　人**材**を育成する

☆ *オ　　◇ 村

## 95 成  become

① 成
　**成**功（する）
　人材育**成**
　キャリア形**成**（career development）

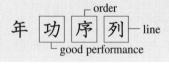

## 96 功  good performance, merit

① 功
　年**功**序列
　**成功**（する）

## 97 序  order

① 序
　順**序**
　年功**序**列
　ルールと秩**序**（order）を守る

☆ *予 *預　　☆ 広 度 序 庭

**Kanji Reference Book**

⁹⁸ **列**　line

① **列**
れつ

　**列**の後ろに並んで、電車を待ちました。
　　　　　なら　　　　　　　　ま

年功序**列**
ねんこうじょ

☆　死　*例

---

┌─ pile up ┌─ structure, organize

**積 極** 的 に 仕 事 に 取 り **組** む

└─ extreme, pole

---

⁹⁹ **積**　pile up, sum

① **積**む
せき

　車に荷物を**積**む
　　　　にもつ

② **積**もる
つ

　雪が**積**もる
　ゆき

③ **積**
せき

　**積**極的に仕事をする
　せっきょくてき　しごと

☆　*責　*績

---

¹⁰⁰ **極**　extreme, peak, pole

① **極**
きょく

北**極**と南**極**
ほっ　　　なん

**積極**的な　⇔　消**極**的な
せっ　てき　　　　しょう

---

¹⁰¹ **組**　structure, organize; group of people, pair

① **組**む
く

　人材育成のシステムが、経営のシステム
　じんざいいくせい　　　　　　　けいえい

　に**組**み込まれています。
　　こ

　積極的に仕事に取り**組**む
　せっきょくてき　しごと　　と

② **組**
そ

　会社の**組**織を改変する
　　　　しき　　かいへん

☆　*糸

---

## Other Kanji

¹⁰² **基**　base, foundation

① **基**づく
もと

　経験に**基**づいて話をする
　けいけん

② **基**
き

　英語の**基**礎的な知識はあるのですが、
　　　　そてき　　ちしき

英語が話せません。

生活の**基**本的な単位は、家族です。
せいかつ　ほん　たんい　　かぞく

昇進は、**基**本的に年功序列的に決まりま
しょうしん　　　　ねんこうじょれつ　　き

す。

17

# Unit 9

┌ group of people

家 族 で 晩 ご は ん を 食 べ る 家 庭

└ yard, garden

---

103 族N4  tribe, group of people

① 族
 ぞく
　うちは、いつも、家族でいっしょに晩ご
　　　　　　　　　　か ぞく　　　　　　　　ばん
　はんを食べます。
　世界には、いろいろな民族がいます。
　せ かい　　　　　　　　　　みんぞく

☆ 方 旅 族 施 *放 *訪 *防
　　　　103 109

104 庭  yard, garden

① 庭
 にわ
　うちには、小さい庭があります。
　　　　　　　　　 にわ

② 庭
 てい
　平日に（on week days）家族でいっしょに晩
　へいじつ　　　　　　　　　か ぞく　　　　　　　　　ばん
　ごはんを食べる家庭は、少ないです。
　　　　　　　　か てい　　すく

☆ 広 度 序 庭
　　75 97 104

---

┌ house, residence

帰 宅 時 間 が 遅 い

　　└ late

---

105 宅  house, residence

① 宅
 たく
　妻はいつも、帰宅が遅いです。
　つま　　　　　 き たく おそ

106 遅  late, delay

① 遅い
 おそ

　妻はいつも、夜遅く帰ってきます。
　つま　　　　　 よる おそ　 かえ

② 遅れる
 おく
　今日も、授業に遅れてしまいました。
　きょう　　じゅぎょう おく

☆ 近 道 *達 遠 進 過 遅 選 通
　　　　　 53 64 106 124 131
　造
　143

---

┌ investigate　　　　┌ execute, implement

調 査 を 実 施 する

└ investigate, make clear

---

107 調  investigate, survey; balance

① 調べる
 しら
　わからない言葉は、スマホで調べます。
　　　　　　　 こと ば　　　　　　 しら

② 調
 ちょう
　大学生を対象に調査をしました。
　だいがくせい　 たいしょう さ

☆ *周

108 査  investigate, make clear

① 査
 さ
　調査（する）
　ちょう

109 施  execute, implement

① 施
 し
　調査を実施する
　ちょう さ　 じっ

☆ 方 旅 族 施 *放 *訪 *防
　　　　103 109

女性 の 管理職 が | 増 | 加 | し て い る

increase
add

**110 増** increase

反 減る / 減らす
　　減少（する）
　　げんしょう

① 増える / 増やす
　ふ　　　　ふ
　働く女性は、着実に増えています。
　はたら じょせい　　ちゃくじつ　　ふ
　家事や育児をする男性を増やすために、
　か じ　いくじ　　　だんせい　ふ
　いろいろな施策をしています。
　　　　　　し さく

**② 増**
　ぞう
　最近は、女性の管理職や専門職が増加し
　さいきん　じょせい　かんりしょく せんもん　　か
　ています。

**111 加** add

① 加える
　くわ
　水は、熱（heat）を加えると沸騰（boil）し
　みず　ねつ　　　　くわ　　　ふっとう
　ます。

## Other Kanjis

**112 労** service; trouble, pain

① 労
　ろう
　**労**働
　　どう
　**労**働者　　**労**働力　　**労**働時間
　　　しゃ　　　　りょく
　長時間**労**働
　ちょう

☆ 学

**113 数** number, count

① 数
　かず
　**数**を**数**える（count numbers）
　　　　かぞ

② 数える
　かぞ
　**数**を**数**える
　かず　　かぞ

③ 数
　すう
　算**数**　　**数**学　　**数**字　　人**数**
　さん　　　がく　　　じ　　　にんずう
　多**数**の　⇔　少**数**の
　た　　　　　しょう

☆ 牧　改　教　数
　19　25　42　113

**114 問**N4 inquire, question

① 問う
　と
　カスタマー・サービスでは、お客様から
　　　　　　　　　　　　　　きゃくさま

の**問**い合わせやクレームに対応していま
　　あ　　　　　　　　　たいおう
す。

② 問
　もん
　質**問**に答える
　しつ　　こた
　先生のうちを訪**問**する
　　　　　　ほう
　試験の**問**題
　し けん　　だい
　社会**問**題（social issues）
　しゃかい

☆ 聞　門　間　開　関　問　*閉　*簡
　　1　81　85　114

**115 着**N4 arrive; wear

① 着る
　き
　わたしは、**着**物を**着**たことがありません。
　　　　　もの
　父は、毎日、スーツを**着**て、ネクタイを
　して、会社に行きます。

② 着く
　つ
　9時の新幹線に乗れば、11時半に東京に
　　　しんかんせん　の　　　　　　　とうきょう
　**着**きます。**着**いたら、すぐに電話します。

③ 着
　ちゃく
　働く女性は、**着**実に増えています。
　はたら じょせい　じつ　ふ
　出発時間　⇔　到**着**時間
　しゅっぱつ　　　　とう

Kanji Reference Book

**19**

# Unit 10

むずかしい 状 況 を 背 負 う

state — 状 ┐
└ 況 situation

back, shoulder — 背 ┐
└ 負 be burdened

**116 状** state

① 状
留学生はむずかしい**状**況を背負っています。
わたしは体の**状**態がいつもいいです。

☆ 犬

**117 況** situation

① 況
状**況**
もう 10 年以上、不**況**（economic depression）が続いています。

☆ 兄

**118 背** back, shoulder

① 背
姉は、**背**が高いです。

わたしは、母の**背**中を見て、育ちました。

② 背
山を**背**景にして写真をとりました。
それぞれの人には、それぞれの**背**景があります。

☆ 北　月

**119 負** lose, be defeated, be burdened

① 負ける
姉とケンカをすると、いつも**負**けます。

② 負う
小学生は、ランドセル（ransel, school bag）を背**負**って学校に行きます。

③ 負
スポーツは、勝**負**の世界です。

☆ *貝

同 時 に 2 種 類 のバランスをとる

same — 同
sort, kind — 種 ┐
└ 類 kind, sort

**120 同 N4** same

① 同じ
わたしと弟は、大学が**同**じです。

② 同
**同**時に 2 つのことをすることはできません。
毎日、**同**僚といっしょに昼ごはんを食べ

ます。**同**期の友だちです。
会社と社員は、一心**同**体です。

**121 種** seed; sort, kind

① 種
庭に、あさがお（morning glory）の**種**をまきました。

20

② 種
にんげん にく さかな やさい くだもの
人間は、肉、魚、野菜、果物などいろい
ろな種類の食べ物を食べます。
るい もの

人種 (tribe)
じん

☆ 秋　　☆ 重

122 類　kind, sort

① 類

人類
じん

人間は、肉、魚、野菜、果物などいろい
にんげん にく さかな やさい くだもの
ろな種類の食べ物を食べます。
るい もの

1 種類　2 種類　3 種類
いっしゅ

書類
しょ

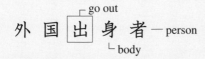

123 出 N5　go out, leave, take out, submit

① 出る
で
わたしは、休みの日は、あまり外に出ま
ひ
せん。

② 出す
だ
金曜日に、レポートを出さなければなり
きんようび
ません。

③ 出かける
で
出かけるときは、「行ってきます」と言い
ます。

④ 出
しゅつ
輸出 (する) ⇔ 輸入 (する)
ゆ　　　　　　　　にゅう
日本の人口の約 5%は、外国出身者です。
じんこう やく　　　　　しゅっしんしゃ

## Other Kanji

124 選　select, choose, elect

① 選ぶ
えら
母は、選挙 (election) で学長に選ばれまし
せんきょ　　　がくちょう
た。

② 選
せん
選挙
きょ
オリンピックの選手は、一年中、トレー
しゅ　　　いちねんじゅう
ニングをしています。

☆　近 道 *達 遠 進 過 遅 選 通
　　　　　　　53　64　106　124　131
造
143

# Unit 11

country, nation　trajectory of life　with; share

一 つ の 国 民 と し て 歴 史 を 共 有 す る

people　history　have, exist

---

**125 国** N5　country, nation

① 国
くに
夏休みに、国に帰ります。
なつやす　　　　　　　　かえ

② 国
こく
国家 （state, nation）
こっか
国民 （nation, people）
みん
国際関係
さいかんけい

☆ *王 *玉

**126 民** N4　people

① 民
みん
国民
こく
民族 （people, ethnic group）
ぞく
民主主義 （democracy）
しゅしゅ ぎ

**127 歴**　trajectory of life, history

① 歴
れき
歴史
し
学歴 （academic background）
がく
職歴 （employment history）
しょく
履歴書 （curriculum vitae, resume）
り　しょ

☆ 林　　☆ 止

**128 史**　history

① 史
し
歴史
れき
日本史　世界史
せ かい

**129 共**　with, together with; share

① 共に
とも
さまざまな人たちと共に生きる
ひと　　　い

② 共
きょう
夫とわたしは、共通の友だちが多いです。
おっと　　　　　　つう
日本人は、150 年以上の歴史を共有して
い じょう れき し　　ゆう
います。

☆ *供

**130 有** N4　have, exist

① 有
ゆう
日本は、富士山で有名です。
ふ じ さん　めい
日本人は、150 年以上の歴史を共有して
い じょう れき し　きょう
います。

---

go through, pass by

共 通 の 性 質

nature

**131 通** N4　pass, pass by, go through, go, penetrate

① 通る
とお
小学校の前を通って大学に行きます。
しょうがっこう

② 通す
とお
針 （needle） に糸を通す
はり　　　　　　いと

③ 通う
かよ

子どもは小学校に通っています。

④ 通
つう
交通
こう
普通は、22 歳で大学を卒業します。
ふ　　　さい　　　　　そつぎょう
わたしと妻は、友人を通じて知り合いま
つま　ゆうじん　　つう　し あ
した。

22

妻とは、共**通**の友だちが多いです。
わたしの日本語は発音が悪いので、なかなか**通**じません。
<sub>はつおん</sub> <sub>わる</sub>

☆ 近 道 *達 遠 進 過 遅 選 通
　　　　　　　53　64　106　124　131
造
143

<sup>132</sup>**性** nature; gender

① **性**
　<sub>せい</sub>

男**性**と女**性**
<sub>だん</sub>　<sub>じょ</sub>
**性**別
<sub>べつ</sub>
個**性**
<sub>こ</sub>
② 〜**性**
　<sub>せい</sub>
多様**性**
<sub>たよう</sub>
流動**性**
<sub>りゅうどう</sub>

☆ *忙 *情 性 慣
　　　　　132　146

┌ shape, pattern　┌ respect, admire
多 様 性 を 尊 重 す る
　　　　　　　　└ heavy; put importance

<sup>133</sup>**尊** respect, admire

① **尊**
　<sub>そん</sub>
　わたしは、母を**尊**敬しています。
　　　　　　　　<sub>けい</sub>

父と母は、いつもわたしの意見を**尊**重し
　　　　　　　　　　　<sub>いけん</sub>　<sub>ちょう</sub>
てくれます。

┌ back
多 様 な 背 景 を も つ 人 々
　　　　　　└ view, appearance

<sup>134</sup>**景** view, landscape, appearance

① **景**
　<sub>けい</sub>
　山を背**景**にして写真をとりました。
　　　<sub>はい</sub>　　　<sub>しゃしん</sub>
　それぞれの人には、それぞれの背**景**があ
　　　　　<sub>ひと</sub>
ります。

それぞれの国には、それぞれの歴史的背
　　　　　<sub>くに</sub>　　　　　　　<sub>れきしてき</sub>
**景**があります。
山の上から見る**景**色は、すばらしいです。
　　　　　　　<sub>けしき</sub>

## Other Kanji

<sup>135</sup>**別**<sub>N4</sub> different, other 〜

① **別**れる
　<sub>わか</sub>
　　**別**れるときは、「さよなら」と言います。

② **別**
　<sub>べつ</sub>
　　クリスマスの夜は、特**別**なメニューを
　　　　　　　<sub>よる</sub>　　<sub>とく</sub>

用意します。
<sub>ようい</sub>
**性別**に基づく差**別**は、今でもあります。
<sub>せい</sub><sub>べつ</sub>　<sub>もと</sub>　<sub>さ</sub>
学校では、子どもたちを年齢**別**の（according
　　　　　　　　　　　<sub>ねんれい</sub>
to age）集団（group）に分けています。
　　　<sub>しゅうだん</sub>　　　<sub>わ</sub>

# Unit 12

実 **際** の **意** 識 と **態** 度

- 際 → border; occasion
- 意 → will; meaning
- 態 → shape, appearance, condition

---

**136 際** border; occasion, moment

① 際
さい

国**際**関係
こく　かんけい

外国の文化は、**実際**に行ってみなければ、
がいこく　ぶん か　　　　 じっ

わかりません。

☆ *祭 *察

**137 意** N4 will; meaning

① 意
い

言葉の**意**味
こと ば　　　 み

意見（opinion）
けん

意志（will）
し

意思決定（decision making）
し けっ てい

意識（perception, consciousness）
しき

**138 態** shape, appearance, condition

① 態
たい

状**態**（state, condition）
じょう

外国の人に対する**態**度
　　　　 ひと　 たい　　 ど

☆ 能　心
48

---

いい **面** を **吸 収** する

- 面 → side; mask
- 吸 → inhale, absorb
- 収 → store, put back

---

**139 面** side, aspect; mask

① 面
めん

誰でも、いい**面**と悪い**面**があります。で
だれ　　　　　　　 わる

きるだけ、いい**面**を見て、人と付き合う
　　　　　　　　　　　 ひと　 つ　 あ

のがいいです。

社会には、さまざまな側**面**があります。
しゃかい　　　　　　　　　　 そく

**一面**だけ見てはいけません。
いち

**140 吸** inhale, absorb

① 吸う
す

今は、建物の中でタバコを**吸**うことはで
　　　 たてもの

きません。

② 吸
きゅう

子どもは、知識の**吸**収が速いです。
　　　　　 ち しき　 しゅう　 はや

日本のいい面を**吸**収したいと思います。
　　　　 めん　　　　　　　 おも

☆ *及 *汲

**141 収** store, put back

① 収める
おさ

本棚に本をきれいに**収**めました。
ほんだな

② 収
しゅう

子どもは、知識の吸**収**が速いです。
　　　　　 ち しき　 きゅう　 はや

二人の**収**入を合わせると、いい生活がで
ふた り　　 にゅう　 あ　　　　　　　 せいかつ

きます。一人の**収**入では、ちょっときび
　　　　 ひと り

しいです。

月**収**　　年**収**
げっ　　　 ねん

24

自分らしい人生を｜創｜造｜する

create — 創
build — 造

**Kanji Reference Book**

---

¹⁴²創 create

① 創
それぞれの民族は、独自の文化と社会を
創造しました。
明るい未来を創造する

¹⁴³造 build

① 造る

船を造る
国を造り発展させる
明るい未来を造る

② 造
造船　　造船所
明るい未来を創造する

☆ 近　道 *達　遠　進　過　遅　選　通
　　　　　　　53　64　106　124　131
造
143

---

## Other Kanjis

¹⁴⁴法 law, regulation

① 法
法律
法律を守る
違法行為

☆ 去
　65

¹⁴⁵律 rule, discipline

① 律
法律

¹⁴⁶慣 be accustomed to

① 慣れる
日本の生活には、もう慣れました。

② 慣
今は、日本の文化や習慣も、分かります。
でも、日本の会社の慣習は、まだよく分
かりません。

☆ *忙 *情　性　慣
　　　　　132　146

¹⁴⁷暮 live life

① 暮らす
外国で暮らしていると、いろいろな問題
が起こります。

② 暮らし
みんな、安全で平和な暮らしがしたいで
す。

25

# Unit 1

## 1. 人間以外の動物

(1) わたしはいつも、1（じかん）お風呂に入ります。

(2) 夏の（あいだ）、わたしは北海道にいました。

(3) 水は、0℃（いか）になると、氷（ice）になります。そして、100℃（いじょう）になると、水蒸気（vapor）になります。

(4) 日本に来て（いらい）、一度も国に帰っていません。

(5) 写真をとるときは、（うご）かないでください。

(6) 今の（じどうしゃ）は、危ないときは、（じどうてき）に止まります。

(7) 人間は、集団で（かつどう）すると、強くなります。

## 2. 言葉を話す

(8) 世界には、5,000以上の（げんご）があります。

(9) 人間は、（ことば）を使う動物です。

(10) 秋には、木の（は）が赤や黄色に変わります。

## 3. 道具を洗練させる

(11) 食後、すぐに皿を（あら）います。

(12) わたしは毎日、（せんたく）をします。

(13) 研究の計画をしっかり（ね）らなければなりません。

## 4. 集団で活動する　　複雑な活動

(14) 日本での（せいかつ）は、とても楽しいです。

(15) 自分の知識を（い）かした仕事がしたいです。

(16) （ふくざつ）な活動をするためには、洗練された言葉が必要です。

# Unit 2

## 1. 狩猟と採集

(1) 男たちは、毎日、（　　か　　）りに出かけます。で

(2) 人間は、（　　しゅりょう　　）と（　　さいしゅう　　）の生活をしていました。にんげん　　　　　　　　　　　　　　　　せいかつ

(3) 会社は、新しい人を（　　さいよう　　）して、教育します。ひと　　　　　　　　　　　　きょういく

(4) 子どもたちは学校の前に（　　あつ　　）まりました。

(5) 人間は（　　しゅうだん　　）で活動すると、強くなります。かつどう　　　つよ

## 2. 農耕と牧畜の発展

(6) 畑を（　　たがや　　）して、野菜を作ります。はたけ　　　　　　　　　　やさい　つく

(7) 父は、（　　ぼくじょう　　）を経営しています。けいえい

(8) 今でも、新しい星が（　　はっけん　　）されています。ほし

(9) 経済が（　　はってん　　）すると、生活が豊かになります。けいざい　　　　　　　　　　せいかつ　ゆた

(10) わたしの会社は、いつも新しい製品を（　　かいはつ　　）しています。せいひん

## 3. 生活様式を改変する

(11) わたしは、いつも（　　かみさま　　）に感謝しています。かんしゃ

(12) ホテルで結婚（　　しき　　）をしました。けっこん

(13) 法律 (law) の（　　かいせい　　）には、時間がかかります。ほうりつ

(14) 旅行のスケジュールを（　　か　　）えました。りょこう

(15) 社会が（　　へんか　　）して、生活様式も変わりました。しゃかい　　　　　　　　　　せいかつようしき　か

Advanced Kanji Worksheet

27

# Unit 3

## 1. 豊かな物質的環境

(1) 世界には（　　ゆた　　）かな国と貧しい国があります。

(2) わたしの国は、資源（natural resources）が（　ほう　ふ　）です。

(3) わたしは、（　かん　きょう　）問題に関心があります。

(4) 国と国の境を、（　こっ　きょう　）と言います。

## 2. 収穫を祝い、神様に感謝する

(5) 大学の先生の（　しゅう　にゅう　）は少ないです。

(6) わたしの（　ねん　しゅう　）は、500万円くらいです。

(7) 結婚のお（　いわ　）いに、パン焼き器（bread machine）をあげました。

(8) 大学の中の食堂は、日曜と（　しゅく　じつ　）は、休みです。

(9) 京都には、お寺や（　じん　じゃ　）がたくさんあります。

(10) 遅れたときは、「すみません」と（　あやま　）らなければなりません。

## 3. 生きる　　　漁村

(11) 今日は、（　じん　せい　）で一番幸せな日です。

(12) わたしは1995年に（　う　）まれました。

(13) 楽しかった日本の（　せい　かつ　）は、（　いっ　しょう　）忘れません。

(14) わたしが生まれた町は、小さな（　ぎょ　そん　）でした。父は、毎日、朝早くから（　りょう　）に出ました。

# Unit 4

## 1. 義務教育

(1) 小学校と中学校は、（　ぎ　む　）（　きょう　いく　）です。

(2) わたしは、（　じ　む　）の仕事が苦手です。

(3) 母は、高校で英語を（　おし　）えています。

(4) 子どもを（　そだ　）てることは、とても重要な仕事です。夫婦でいっしょに（　いく　じ　）をするのがいいと思います。

## 2. 必要な知識と技能　　重要な役割

(5) わたしは、いつも（　かなら　）ずカバンの中に傘を入れています。

(6) 仕事のために（　ひつ　よう　）な（　ち　しき　）や（　ぎ　のう　）は、仕事をしながら勉強しました。

(7) 生活をするためには、お金が（　い　）ります。

(8) 国によって、（　じょう　しき　）は違います。

(9) 社会の中で、学校は（　じゅう　よう　）な（　やく　わり　）を果たしています。

(10) このセーターは、3（　わり　びき　）で買いました。

## Unit 5

**1. 産業の3つの段階**

**伝統社会 ⇒ 工業社会 ⇒ 脱工業社会**

(1) 子どもを（　う　）むかどうかは、個人（こじん）の自由（じゆう）です。

(2) （　のうぎょう　）と（　りんぎょう　）と（　すいさんぎょう　）は、第一次（だいいちじ）（　さんぎょう　）です。

(3) 社会（しゃかい）は、3つの（　だんかい　）で変化（へんか）しました。

(4) コンビニの（　えいぎょう　）時間（じかん）は、24時間です。

(5) 人間（にんげん）は、言葉（ことば）でメッセージを（　った　）えます。

(6) アメリカの初代（しょだい）（　だいとうりょう　）は、ジョージ・ワシントンです。

(7) 服（ふく）を（　ぬ　）いで、パジャマに着（き）がえて、寝（ね）ました。

**2. 社会変化を経験する**

(8) 活動（かつどう）が複雑化（ふくざっか）するとともに、言語（げんご）も（　ふくざっか　）しました。

(9) 学生時代（じだい）には、いろいろな（　けいけん　）をするのがいいです。

(10) 日本の（　けいざい　）は、今でも強（つよ）いです。

# Unit 6

## 1. 働いてお金を稼ぐ

(1) みんな、( はたら )いてお金を( かせ )がなければなりません。

(2) 日本の( ろうどうしゃ )の( ろうどう )( じかん )はひじょうに長い
です。

## 2. 就職活動　新卒採用

(3) 父は、高校を卒業してすぐに仕事に( つ )きました。

(4) 大学を( そつぎょう )したら、( しゅうしょく )します。

(5) 日本の会社は、たいてい、( しんそつしゃ )を( さいよう )します。

## 3. 雇用制度　終身雇用

(6) 日本の雇用( せいど )は( しゅうしん )( こよう )です。

(7) 経済がよくなると、( こよう )が増えます。

(8) 京都には、( なんど )も行きました。

(9) 仕事のために必要な知識を( み )につけました。

(10) 大学でも、会社でも、外国( しゅっしん )の人が増えています。

(11) いそがしいときは、アルバイトを( やと )います。

(12) 正社員を( かいこ )することは、ほとんどありません。

Advanced Kanji Worksheet

## Unit 7

### 1. 製品開発

(1) 新しい技術で、新しい（　せい　ひん　）を（　かい　はつ　）します。

(2) レストランの（　かい　てん　）時間は、たいてい5時です。

### 2. 技術革新

(3) 父は（　かわ　）のジャンパーが好きです。

(4) ITの（　ぎ　じゅつ　）（　かく　しん　）は、どんどん進んでいます。

### 3. 会社と個人の関係

(5) 一人ひとりの人には、（　こ　せい　）があります。

(6) 会社の中の人間（　かん　けい　）は、むずかしいです。

(7) 夫は、子育てに（　かん　しん　）がありません。

### 4. 経済制度

(8) 兄は、大学で（　けい　ざい　）学を勉強しました。

(9) （　けい　ざい　し　）を知らないと、ビジネスはできません。

### 5. 市場競争

(10) （　し　じょう　きょう　そう　）は厳しいです。企業は、いつも新しい製品を出さなければなりません。

(11) （　と　し　）と農村では、生活がぜんぜん違います。

(12) 今の子どもは、遊ぶ（　ば　しょ　）がありません。

(13) 雨の（　ば　あい　）は、試合は中止になります（will be suspended）。

32

# Unit 8

## 1. 特定の仕事

(1) わたしは、（　とく　べつ　）な才能はありません。

(2) わたしは、スポーツが好きです。（　とく　）に、サッカーが好きです。

(3) スケジュールが（　けっ　てい　）したら、メールします。

## 2. 人材育成

(4) （　ざい　りょう　）を買って、自分で料理を作りました。
じぶん　りょうり　つく

(5) 会社にとって、（　じん　ざい　）（　いく　せい　）はひじょうに重要です。
じゅうよう

(6) 仕事で（　せい　こう　）するためには、自分のキャリア（　けい　せい　）を考え
しごと　かんが
ながら仕事をしなければなりません。

## 3. 年功序列

(7) （　れつ　）の後ろに並んで、電車を待ちました。
なら　ま

(8) （　ねん　こう　）（　じょ　れつ　）制度というのは、「エスカレーター」のようなも
せいど
のです。

## 4. 積極的に仕事に取り組む

(9) 父は、いつものように車にゴルフバッグを（　つ　）んで、出かけました。
で

今日は、ゴルフ場も、雪が（　つ　）もっていると思います。
きょう　じょう　ゆき　おも

(10) シロクマ (polar bear) は（　ほっ　きょく　）にいます。ペンギン (penguin) は

（　なん　きょく　）にいます。

(11) 人材育成のシステムが、経営のシステムに（　く　）み込まれています。
じんざいいくせい　けいえい　こ

Advanced Kanji Worksheet

33

# Unit 9

## 1. 家族で晩ごはんを食べる家庭

(1) 世界には、いろいろな（　みんぞく　）がいます。

(2) うちには、小さい（　にわ　）があります。

(3) 平日に (on week days)（　かぞく　）でいっしょに晩ごはんを食べる（　かてい　）は、少ないです。

## 2. 帰宅時間が遅い

(4) 妻は（　きたく　）が遅いです。いつも、夜（　おそ　）く帰ってきます。

(5) 今日も、授業に（　おく　）れてしまいました。

## 3. 調査を実施する

(6) わからない言葉は、スマホで（　しら　）べます。

(7) NHK が（　じっし　）した（　ちょうさ　）によると、内閣支持率 (cabinet support rate) は 55％でした。

## 4. 女性の管理職が増加している

(8) 働く女性は、着実に（　ふ　）えています。

(9) 家事や育児をする男性を（　ふ　）やすことが重要です。

(10) 最近は、女性の管理職や専門職が（　ぞうか　）しています。

(11) 水は、熱 (heat) を（　くわ　）えると沸騰 (boil) します。

# Unit 10

### 1. むずかしい**状況**を**背負**う

(1) 留学生はむずかしい（　じょう　きょう　）を（　せ　お　）っています。

(2) わたしは体の（　じょう　たい　）がいつもいいです。

(3) もう10年以上、（　ふ　きょう　）が続いています。

(4) 姉は、（　せ　）が高いです。

(5) わたしは、母の（　せ　なか　）を見て、育ちました。

(6) 山を（　はい　けい　）にして写真をとりました。

(7) 姉とケンカをすると、いつも（　ま　）けます。

(8) 小学生は、ランドセル（ransel, school bag）を（　せ　お　）って学校に行きます。

(9) スポーツは、（　しょう　ぶ　）の世界です。

### 2. **同時**に2**種類**のバランスをとる

(10) （　どう　じ　）に2つのことをすることはできません。

(11) 毎日、（　どう　りょう　）といっしょに昼ごはんを食べます。

(12) 庭に、あさがお（morning glory）の（　たね　）をまきました。

(13) 人間は、肉、魚、野菜、果物などいろいろな（　しゅ　るい　）の食べ物を食べます。

### 3. **外国出身者**

(14) 日本は、自動車や電気製品（electric appliances）を（　ゆ　しゅつ　）しています。そして、石油（oil）や食料品などを輸入しています。

(15) 日本の人口の約5％は、外国（　しゅっ　しん　しゃ　）です。

35

# Unit 11

## 1. 一つの国民として歴史を共有する

(1) 日本は、(　　みんしゅしゅぎ　　) の (　くに　) です。

(2) 夫とわたしは、(　きょうつう　) の友だちが多いです。

(3) 一つの (　こくみん　) として長い (　れきし　) を (　きょうゆう　) しています。

## 2. 共通の性質

(4) (　ふつう　) は、22歳で大学を卒業します。

(5) わたしと妻は、友人を (　つう　) じて知り合いました。

(6) (　だんせい　) も (　じょせい　) も働きやすい職場を作らなければなりません。

(7) (　せいべつ　) で差別してはいけません。

(8) 国の中にもさまざまな (　たようせい　) があります。

## 3. 多様性を尊重する

(9) わたしは、母を (　そんけい　) しています。

(10) 父と母は、いつもわたしの意見を (　そんちょう　) してくれます。

## 4. 多様な背景をもつ人々

(11) 山を (　はいけい　) にして写真をとりました。

(12) 今は、どの国に行っても、多様な (　はいけい　) をもつ人々が暮らしています。

# Unit 12

## 1. 実際の意識と態度

(1) （　こくさい　）関係は複雑です。

(2) 外国の文化は、（　じっさい　）に行ってみなければ、分かりません。

(3) 他の人の（　いけん　）をよく聞いてください。（　いみ　）が分からない

　　ときは、もう一度聞いてください。

(4) 日本人は、日本人としての（　いしき　）が強いです。

(5) 日本人の外国の人に対する（　たいど　）には、まだ問題があります。

## 2. いい面を吸収する

(6) 誰でも、いい面と悪い（　めん　）があります。

(7) 社会には、さまざまな（　そくめん　）があります。

(8) 今は、建物の中でタバコを（　す　）うことはできません。

(9) 子どもは、知識の（　きゅうしゅう　）が早いです。

(10) 本棚に本をきれいに（　おさ　）めました。

## 3. 自分らしい人生を創造する

(11) 昔は、木で船を造りました。今は、鉄 (iron) で（　つく　）ります。

(12) それぞれの民族は、独自の文化と社会を（　そうぞう　）しました。

37

# List of Target Kanji

| | | | | | | Unit 1 | 間[1] | 以[2] | 動[3] | 物[4] |
|---|---|---|---|---|---|---|---|---|---|---|
| 言[5] | 葉[6] | 具[7] | 洗[8] | 練[9] | 活[10] | 複[11] | 雑[12] | Unit 2 | 狩[13] | 猟[14] |
| 採[15] | 集[16] | 農[17] | 耕[18] | 牧[19] | 畜[20] | 発[21] | 展[22] | 様[23] | 式[24] | 改[25] |
| 変[26] | Unit 3 | 豊[27] | 質[28] | 的[29] | 環[30] | 境[31] | 収[32] | 獲[33] | 祝[34] | 神[35] |
| 感[36] | 謝[37] | 生[38] | 漁[39] | Unit 4 | 義[40] | 務[41] | 教[42] | 育[43] | 必[44] | 要[45] |
| 識[46] | 技[47] | 能[48] | 役[49] | 割[50] | 普[51] | 習[52] | 進[53] | Unit 5 | 産[54] | 業[55] |
| 段[56] | 階[57] | 伝[58] | 統[59] | 脱[60] | 化[61] | 経[62] | 験[63] | 過[64] | 去[65] | 短[66] |
| Unit 6 | 働[67] | 稼[68] | 就[69] | 職[70] | 卒[71] | 用[72] | 雇[73] | 制[74] | 度[75] | 身[76] |
| 命[77] | 令[78] | Unit 7 | 製[79] | 品[80] | 開[81] | 術[82] | 革[83] | 個[84] | 関[85] | 係[86] |
| 済[87] | 市[88] | 場[89] | 実[90] | 現[91] | Unit 8 | 特[92] | 定[93] | 材[94] | 成[95] | 功[96] |
| 序[97] | 列[98] | 積[99] | 極[100] | 組[101] | 基[102] | Unit 9 | 族[103] | 庭[104] | 宅[105] | 遅[106] |
| 調[107] | 査[108] | 施[109] | 増[110] | 加[111] | 労[112] | 数[113] | 問[114] | 着[115] | Unit 10 | 状[116] |
| 況[117] | 背[118] | 負[119] | 同[120] | 種[121] | 類[122] | 出[123] | 選[124] | Unit 11 | 国[125] | 民[126] |
| 歴[127] | 史[128] | 共[129] | 有[130] | 通[131] | 性[132] | 尊[133] | 景[134] | 別[135] | Unit 12 | 際[136] |
| 意[137] | 態[138] | 面[139] | 吸[140] | 収[141] | 創[142] | 造[143] | 法[144] | 律[145] | 慣[146] | 暮[147] |